講談社選書メチエ

708

昭和・平成 精神史

「終わらない戦後」と「幸せな日本人」

磯前順一

MÉTIER

目次

はじめに――人生は泳ぐのに、安全でも適切でもありません

戦後日本社会の帰結

人生は旅に似ています。それは個人の人生においてだけでなく、社会にもあてはまるものです。時代の波をかいくぐっていくことで、個人も社会も自己形成を遂げるのです。それは、どのような経験をするかによって形成される主体のかたちも異なってくる、保証のない旅なのです。本書では、戦後日本社会の主体形成をめぐる旅の軌跡を検証していきたいと思います。

近年の日本社会は、政治家の収賄疑惑、改憲による平和憲法の放棄への動き、極端なアメリカ追従政策などに如実に見られるように、社会的通念としての公平さや正義の理念が放棄されつつあります。これまでもそうした収賄や反動的傾向は繰り返し見られましたが、そのつど、たとえ社会的建前にすぎないにせよ、厳しい世論によってこうした言動は反省を余儀なくされてきました。しかし今や、政治家たちは自身の不正が明らかになっても開き直り、世論や社会にたいして責任を取ろうとしません。

多くの評論家たちはこうした傾向を戦後精神の衰退と見ているようですが、わたしにはむしろ戦後社会の行き着いた姿であるように思えます。なにしろ、こうした言動は政治家たちだけではなく、わたしたち市民のあいだにも蔓延している社会的な傾向なのですから。平和憲法の放棄となれば由々し

き事態ですが、一方でその護持を唱える人びとの姿勢を見る限り、彼らはこの平和憲法がアメリカの軍事力の庇護下に入ることと引き換えに与えられたものであることを認めようとしません。そのアメリカの軍事体制が、朝鮮戦争やベトナム戦争、あるいは湾岸戦争など、日本社会が平和を謳歌しているあいだにも、限りない惨劇を世界中にばら撒いてきたにもかかわらずです。

結局、戦後の日本社会も、アメリカ中心の自由主義経済に追従することで、アジア・太平洋戦争末期に原爆を投下されたむごい経験を被りながらも、原発推進の方向に舵を切り、東日本大震災での福島第一原発事故による被曝という惨劇を繰り返してしまいました。政府はこうした政策を推進することで、日本社会の景気回復がもたらされると主張しています。統計の取り方によっては日本社会の景気は回復してきているといえるでしょう。しかし確かなことは、それが大企業に恩恵をもたらすことに力点を置いた景気回復だということなのです。大企業を優遇することで、国力は回復します。しかし、そのためにそこで働く人たちや貧しい人たちは搾取され、劣悪な労働条件で過労死する人や自殺する人が後を絶たないのが現実です。

これは、戦後の日本社会が資本主義経済による景気向上を追い求めたすえに、その論理的必然としてアメリカ追従のグローバル経済にがんじがらめに組み込まれてしまった結果です。それだけではありません。民主主義という理念もまた、こうした大企業中心の経済政策によって、大企業の論理への積極的な市民たちの参入を助長するものとして読み替えられていきました。国民はだれしもそこから零《こぼ》れ落ちまいとして、経済的な強者への追従を始めました。社会的理念としての正義の追求よりも、経済的な利益を追求するほうを優先しなければ、自分の日々の暮らしが守れなくなっていきました。

これがまさしく自由主義経済の論理なのです。

そして、今日の頻発するネット炎上現象に見られるように、甘い汁を吸っているかのように見える人物を探し出してはそれを袋叩きにするという、弱者の足の引っ張り合いが日常化しています。だれもが自由な意見を述べられるはずだったインターネットの言論空間は、匿名の民衆が未成熟な感情を吐露しあう泥仕合の場と化し、公共の言論空間を根本から掘り崩す負の役割を果たしている始末です。

こうしたことを考えれば、個人の主体の成熟を前提とする理念としての民主主義ではなく、大衆の未成熟な感情を土台に置くポピュリズムが、戦後日本社会の民主主義を支配するようになったとさえ言えるのではないでしょうか。それが、戦後の日本社会が過ごしてきた長い旅の結果のようにわたしには見えるのです。だとしたら、こうした社会を作り出した原因をなにに求めるべきなのでしょうか。それをどのように問題にしたら、この混迷を極める現実を克服していくことができるのでしょうか。本書ではそれを考えてみたいのです。

人生は泳ぐのに、安全でも適切でもありません

まず、わたしの旅の経験から、個人および社会が生きていくために必要な姿勢がどのようなものなのかを考えてみましょう。

随分前のことになりますが、二週間にわたるヨーロッパ旅行の最後に、日本への帰路に就くはずのフランクフルト経由大阪行きのフライトが、天候の関係で突然キャンセルとなりました。それでわた

しは一度出発地のヒースロー空港を離れ、代替の飛行機に搭乗するまでの十五時間をつぶすためにロンドンの中心街に戻り、日本語の本をそろえた馴染みの書店に赴いたのです。そこで、江國香織さんの本『泳ぐのに、安全でも適切でもありません』を買いました。江國さんはこの題名をつけた理由をこう説明していました。

人生は勿論《もちろん》泳ぐのに安全でも適切でもないわけですが、彼女たちが蜜のような一瞬をたしかに生きたということを、それは他の誰の人生にも起こらなかったことだということを、そのことの強烈さと、それからも続いていく生活の果てしなさと共に、小説のうしろにひそませることができていたら嬉しいです。

悪天候のなか、フライトの航路と航空会社がいく度となく変更されました。結果、思いもかけないソウル行きに変更となり、さらにソウルから先の日本までのフライトは未確定という状態でした。わたしは拙い英語を懸命に操りながら、ヒースロー空港でヨーロッパの航空会社の社員と粘り強く交渉をおこない、自分の行く先を確保しなければなりませんでした。大阪あるいは東京、あるいは博多。はたして自分がどの空港に運ばれるのかも定かではありませんでした。日本のどこへ、いつたどり着くのかも分からない状況のままに、十五時間が経って、とりあえずソウルまで行く飛行機に乗ることになりました。

この飛行機で、さらに日本まで行こうと試みる日本人の乗客はほとんどおらず、英国人と韓国人でごった返す機内では、英語と韓国語の会話があふれかえっていました。わたしもまた韓国人と見誤られ、幾度も韓国語で話しかけられました。そのときのヨーロッパ旅行の道中で、パリからアテネへ、さらにアテネからロンドンへと向かうフライトもまたそうであったように、わたしの母語である日本語はなんの役にも立たず、日本人というアイデンティティもまたなんの拠り所にもなってくれませんでした。

そこでわたしが理解したことは、母語というものは安心感であり、ルーティン化された規則なのだということでした。それもまた緊張感から解放されて、安心して生きるためには大切なことです。しかし、単身で世界各地を転々としていく旅の途中では、それは簡単に覆されてしまいます。その脆さゆえに、人間はみずからを取り巻く日常の状況を確固たるものにしようと、社会や国家を強固で自明なものに仕立て上げていくのではないでしょうか。

行き先の分からない不安を抱えたまま、空港で『泳ぐのに、安全でも適切でもありません』を読んでいると、日本から来た高校生の一群が買い物をしているのが目に入りました。当たり前のことですが、かれらは仲間と日本語を話し、時折冒険をするかのように片言の英語で店員と話し、はしゃいでいました。そして搭乗時間が来ると、何十人もの日本人の集団が一挙に搭乗口に消えていきました。かれらには、日本に無事帰ることができるかどうかの不安を抱えたわたしの姿は、当然のことながらまったく目に入らないようでした。

かれらが搭乗口に消えていく光景を目にしながら思いました。きみたちの信じている安全とは本当に確かなものなのだろうか。それは一枚の航空券と旅行会社の添乗員によって保障された束の間のものにすぎないのではないか。そして、日本で暮らしているときのわたしの姿もまた、かれらとおなじように、不確かで脆いものを安全で確かなものと信じて生きていたのにすぎないのではないか、そのように自問していたのです。

しかし、「泳ぐのに、安全でも適切でもありません」という状況を経験し、その経験をしっかり見つめて生きていくことはけっして不利なことばかりではないでしょう。暗闇のつらさを体験した者こそが、人びとに希望を与えられるということもあるのではないでしょうか。日常の秩序立った生活も一枚めくれば、やはり「泳ぐのに、安全でも適切でもありません」と言うべきものなのでしょう。しかしだからこそ、そのことを知っている者同士は、相手を十分に思いやる優しさをもてるのかもしれません。

さて、わたしの旅の結末です。その後、ようやく飛行機に乗り込むことができたわたしは、ソウルの仁川《インチョン》空港まではたどり着いたものの、ふたたびフライトの遅延、航空券紛失などのトラブルに巻き込まれてしまいます。航空券紛失は、結局わたしの責任だったのですが、それを認めるとさらに日本への到着が遅れてしまいます。それで自分の咎《とが》を知っていながらも、航空会社の係員にいかに自分が被害をこうむっているのかを、わたしはわめきだしたのです。

そんなとき、ベテランの韓国人係員がわたしの肩に手を置いて、優しくこう言ってくれました。「お客さま、心配しないでください。見つかるまでわたしが一緒に探しましょう」。そして、あの広い仁川空港をくまなく歩きまわり、わたしが置き忘れた航空券を見つけ出してくれたのです。わたしは自分の醜態を思い出して、穴があったら入りたい気持ちでした。でもかれは一言もわたしを責めることなく、「よかったですね。お客さま」、そう言って、にっこりと笑ってくれたのです。

二週間にわたるヨーロッパの旅では、他者や他国にたいする自分のステレオタイプ化されたイメージが何度も覆され、自分自身の生きる姿勢と覚悟を問わざるをえなくなりました。切羽詰まった状況のもとでは、学問という言葉を使った表現活動はなんの役にも立たないのかもしれません。ヨーロッパのいくつかの大学で講演をおこないながら、学問とはしょせんは社会的に恵まれた立場にある者による観念の上での戯れのようにも思われてきたのです。

その一方で、言葉という媒介があるからこそ、読者のみなさんと書き手であるわたしが、現にこうしてつながることができているのも確かです。だとすれば、言葉による表現行為とは、人を傷つけることもあるけれど、人と人とを結びつける希望の光にもなるように思えるのです。とくに、「泳ぐのに、安全でも適切でもありません」という状況に置かれた者同士を、たとえ生まれ育った場所は違っていても、世代が異なっていても、かけがえのない人生の同志として結びつけてくれるものなのではないでしょうか。

本書でなにを論じたいか

以下、本書の構成を述べます。「第1章　「戦後」というパンドラの匣《はこ》——太宰治からの問い」は、戦後社会の希望のありかを、敗戦直後の太宰治の作品に焦点をおいて述べたものです。社会も個人も発展するときにはさまざまな災いをも招くものです。戦後日本でも経済格差、公害、差別など、さまざまな問題が発生しました。結局、太宰も日本の復興のあり方に絶望してみずから命を絶ってしまいます。でも、絶望のなかにしか希望は訪れないとわたしは思うのです。絶望のない希望など存在しません。暗さのなかにこそ光は宿るのではないでしょうか。

「第2章　失われた言葉——東日本大震災と「否認」の共同体」は、戦後社会の帰結として二〇一一年の東日本大震災に焦点をあて、一九四五年の広島と長崎の被爆に次いで、決定的な被曝をしてしまった事態がなぜ生じたのかを考察します。そして、その圧倒的な災害がもたらしたものとして、社会全体が失語に陥ってしまった今日の状況を指摘します。そこには現実に起きていることを認めたくない「否認」という精神的態度がみられます。

否認された現実は、心を介することなく身体症状として立ち現れ、本人には理解できないかたちで身体に苦痛をもたらすことになります。そのひとつが言語機能を失う失語状態です。そこから、どのように言葉を回復し、みずからの体験を言語化できるようにするのかが、まさに本書の課題になります。

「第3章　謎めいた他者——ゴジラと力道山、回帰する亡霊たち」では、原爆体験および戦死者の象徴的存在としてゴジラを取り上げ、ゴジラ像の変遷を追うことで、被爆および戦争の体験が戦後どのように受け止められてきたのかを論じます。次いで戦争を支えてきた大日本帝国の植民地支配の残滓として、朝鮮半島出身の力道山の命運をたどります。それは、ゴジラと同様に戦前の大日本帝国および戦争の記憶を、戦後日本社会がどのように受け止めたのかをしめす指標となるものでした。そこから浮かび上がってくるのは戦後日本社会を問題にするときには、アメリカの日本支配および東アジアとの関係という国際関係の視点から論じなければ、戦後の日本社会を規定していた政治的環境は明らかにならないということです。

第3章のタイトルである「謎めいた他者」は、被爆者や戦死者といった、主体にとって他者として映ずる存在のことを指します。今日の主体論の理解においては、まず自己という主体がそれぞれにあって、それがたがいに係わりあうといった独我論の立場は取りません。むしろ他者の呼びかけに促されて、自己という主体は立ち上がり、そのうえで自意識が事後的に成り立つと考えます。本章では、ゴジラや力道山に託された謎めいた他者の正体がどのようなものなのか、その正体を精神分析的手法にもとづいて探索していきます。

「第4章　真理の王──オウム真理教と反復される天皇制」では、オウム真理教をめぐる一連の事件を取り上げて、神聖政治を展開した戦前の天皇制国家の残滓がずっと克服されず、それがオウム真理教団によって悪夢のように反復された現実を指摘します。やはりそこでも、戦後社会が戦前の問題からみずからを切り離したことで、取り組まなくてもすでに問題は解決したのだという「思考停止」状態のまま戦後七十年以上の歳月を過ごしてきてしまったことを明らかにしたいと思います。

「第5章　民主主義の死──シラケ世代と主体性論争、そして戦争のトラウマ」では、戦後になって旧日本兵によって書かれた戦争犯罪をめぐる手記を取り上げます。原爆や本土空襲による被害者意識からの反戦思想が展開された一方で、みずからが加害者の立場となった東アジアにおける戦争犯罪への取り組みは、少数の個人によってはなされたものの、社会総体としての問題意識の共有には発展しなかった事態を考えます。

そこから、戦後の平和思想をどのように考えるべきなのか、人間の本性をどのように戦後社会が受け止めてきたのか、「日本人」のナショナリズム意識の形成および主体形成論を踏まえて、学者たちの反省意識が社会とどのように結びついてきたのか、あるいは結びついてこなかったのかを考察します。

「第6章　戦後の「超克」――沢田研二、その空虚な主体の可能性」では、一九六〇年代から日本の大衆文化を牽引してきた歌手の一人、沢田研二さんを取り上げ、虚無感に満ちたシラケ世代のメンタリティが、人間の本質が虚無であるがゆえに、みずから意味をつむぎ出すという生き方に発展していった稀有な例を、戦後社会の超克の糸口として取り上げます。

ナショナリズムや戦前の国体思想のように、なにかを実体を伴った正しさとして信じるのではない、そうした「正しさ」の怪しさや、自分自身の存在の無意味さも含めて受け止めたうえで、そこから意味を作り上げていく沢田さんの姿勢には、かつて丸山眞男が説いた「作為」としての主体の創出と重なり合う姿を見出すことができるでしょう。ここでわたしたちは、天皇制という「大文字の他者」――謎めいた他者の意味が固定化されたもの――にまなざされることで主体形成した、均質な「国民」とは異なるものにようやくたどり着くことになります。

「人生は泳ぐのに、安全でも適切でもありません」。だから、傷つく危険を承知したうえで、信頼を賭した思索の旅にでかけるのです。その旅では、自分の身も心も揺さぶられるような、今一度、戦後日本の歴史を生き直す覚悟が求められます。この本もまたあなたに、戦後の日本社会を懸命に生きてきた人びと、とくに敗れざる者たちの生の軌跡を伝えるものなのです。

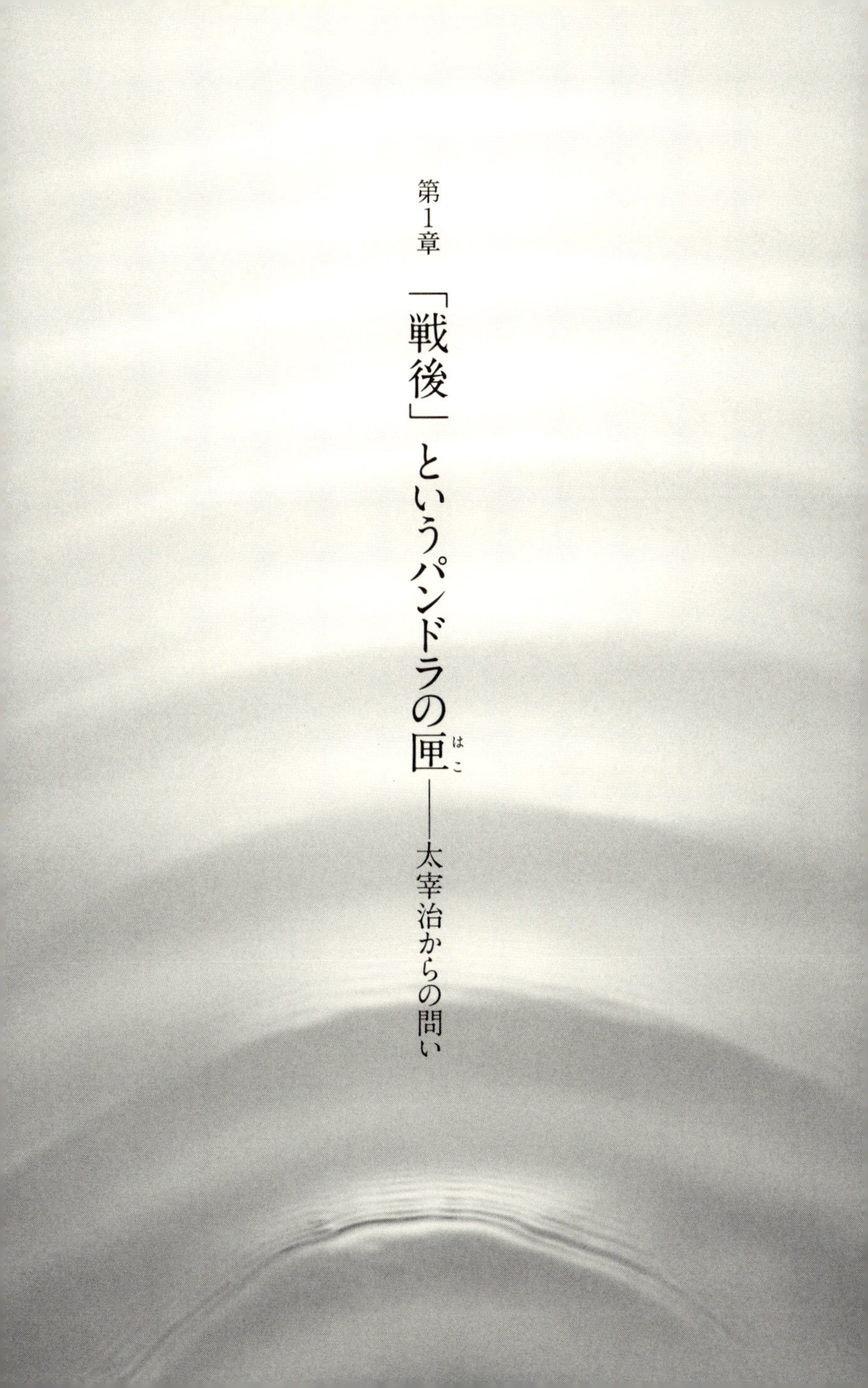

第1章 「戦後」というパンドラの匣《はこ》——太宰治からの問い

長崎、原爆投下

二〇一七年八月九日、わたしは長崎市にいました。一九四五年のあの日、原爆が投下された午前十一時二分、サイレンの音が鳴り響きます。人びとは足を止め、それぞれの場所で黙禱します。空を見上げると、すべての音が止まった沈黙の空を、数羽のかもめが舞っていました。澄んだ青い空でした。ほんの数分のことだったと思うのですが、長い長い時間でした。みんなが思い思いに亡くなった人に気持ちを寄せる時間なのです。忙しい日常の流れのなかに、異質な余白の時間が入り込んだようでした。

そう、死者を想い起こし、かれらとふたたび交わる時間なのです。

長崎の原爆で七万三千人を超える方たちが亡くなったと言われています。そのなかには一万体とも二万体とも言われる、いまだ身元の確認できない遺骨があります。それが大浦天主堂からやや離れた、東本願寺長崎教会に現在は納められているのです。この日の前日、わたしは長崎教会を訪れました。

開けていただいた納骨堂には、プラスチックの箱に詰められた遺骨が山のようにありました。箱を僧侶の方に開けていただくと、丸い頭蓋、太い大腿骨、指などの細かな骨に交じって、人間のものには思えない小さな骨が多数ありました。

「動物の骨も交じっているんだと思うんですよ。人間でなく、あの日あの場所にいたありとあらゆる生き物の命が失われたのですからね。よく見ると人の骨には釘などが刺さっていたり、髪の毛が付着しているものもあります。爆風で吹き飛ばされたり、瓦礫《がれき》が突き刺さったりしたんでしょうね。原爆が投下されてから七十年以上の歳月が経ったにもかかわらず、十分に遺骨整理が進まず申し訳ないと思っています」。

その慰霊の石碑には、原爆が投下された日が近づくと、さまざまな人が訪れます。いまだ遺骨の見つからない遺族が、きっとここに故人が眠っていると信じて祈りに来ます。痛ましい死を遂げた人びとを慰めるのに、どの宗教や宗派に属しているかは関係ないとして、キリスト者も神道者もやって来ます。それぞれが自分の奉じる宗教の儀式を執りおこない、思い思いのかたちで魂を弔っていくのです。

観光地長崎では、広島ほど原爆の悲惨さが表立つことはないとも言われています。しかしこの場所に立つと、原爆や戦争の惨酷さをいやおうなく感じざるをえません。あの日落ちた原爆は、広島でもそうでしたが、無数の身元不明の遺体をもたらしました。爆心地では消滅してしまった遺体も相当数あったと聞きます。

形状をとどめないほどに傷んでしまったもの、家族全員が亡くなってしまったものなど、引き取りようのない遺体が数多く残されました。それを、被爆間もない一九四七年にこの長崎教会が引き取ったのです。その後、教会の移転などのさまざまな経緯で、現在の場所に安置されました。

この慰霊の石碑には「非核非戦」という文字が刻まれています。その意味に関連して、僧侶の武宮聰雄《としお》はつぎのように説明しています。

私はここで改めて、先の戦争の罪について思うのでございます。それは、ほかではございません、「聖戦」、このただひとつなる罪でございます。……自らの戦いを聖なる戦いと称して押し進めて行った、このただひとつなる罪であります。(『非核非戦』)

言葉を継いで、かれは自分たちの戦争責任について語ります。「それは特定の誰かの罪にとどめておけるほど小さな罪ではございません」。そして、自分の宗派の戦争協力を厳しく批判したうえで、「少なくともこの国に命を受けたものすべてにかかわる罪でございます。戦争を知る私どもはもちろん、戦争を知らない戦後の人たちもまた、さらに言うならば、遠い未来の若者たちにまで及ぶほどの深い罪でございます」と、平和の決意を、みずからの身に戦争犯罪の責任を引き受ける覚悟とひきかえに述べるのです。

この言葉からは、先の戦争を一部の戦犯とされた者たちの罪と片付けるのではなく、未来にまでおよぶ国民全体の問題として、その責任を引き受けていこうという確固たる決意が窺われます。それは、たんに旧植民地の人びとに責められる不安から罪悪感を覚えるのではなく、二度とあやまちを繰り返さないという決意とともに、未来に向かって平和を実現していく意志をともなうものなのです。

そのためには、わたしたちの心の中に潜む「聖戦意識」、すなわち自己の正しさのもとに他人を裁く暴力の危うさを深く省みる必要があります。「平和」とは正しさによってもたらされるものではなく、むしろ自分が正しさの側にあるという傲慢さにたいする警戒心から生まれるものだからです。自分を被害者の立場に置くことで、被った暴力にたいする反動として、平和を主張することは珍しくありません。しかし、自分の加害者性を引き受けることで、平和の大切さを説く立場は本当にまれで、勇気ある言動だと思います。自分が純粋に正義であり、弱者のための代弁者だと信じるうぬぼれこそが、かつて「聖戦」を支えたのであり、これほど疑わしいものはないのですから。正義や弱者のための代弁者の立場に身を置いたときにこそ、おのれの暴力性もまた正義の戦いのためとして美化されてしまうのです。少なくとも、わたしはこのように平和の生まれる過程を理解したいと考えます。これが本書の基本とする立場です。

絶望の底に希望はある

かつて、人間の醜さを暴き続けた小説家の太宰治は、敗戦直後に希望の言葉を語りました。戦後最初に発表した小説「パンドラの匣《はこ》」(一九四五—四六年)で、かれはつぎのように述べています。

人間には絶望という事はあり得ない。人間は、しばしば希望にあざむかれるが、しかし、また「絶望」という観念にも同様にあざむかれる事がある。……人間は不幸のどん底につき落され、ころげ廻りながらも、いつかしら一縷《いちる》の希望の糸を手さぐりで捜し当てているものだ。

パンドラの匣は、もともとはギリシア神話です。パンドラとはギリシアの神々を統治する最高神ゼウスが作った人工の美女です。神プロメテウスが貧しい人間に同情して「火」に象徴される知恵を与えたことに怒ったゼウスが、人間の幸せを邪魔しようと送り込んできたのです。絶世の美女であるかの女は富と充足だけを好み、貧しさを嫌います。そして、他人が働いて蓄えた富を、自分は働きもせず浪費するという自分勝手な性格です。それでも、その美しさのとりこになった人間はかの女から離れることができず、その災いを被ることになります。苦渋に満ちた歓び。それが、かの女をとおしてゼウスが人間に与えた呪いでした。

パンドラを人間のもとに送り込むときに、ゼウスはひとつの匣を土産に持たせました。その匣にはかの女を試すように封印がしてあったのですが、怖いもの見たさからか、パンドラはある日とうとう封印を解いてしまいます。そこから、病苦、悲哀、貪欲、猜疑、陰険、飢餓、憎悪など、あらゆる災いがこの世の中に飛び出していってしまいました。

知恵を身につけるとは、災いもかならず同時に招き寄せるものなのでしょう。分別とは、それまで渾然一体であった存在を、善と悪という二項対立的なものへと分かつことなのですから、善が生じれば必然的に悪もまた生じるものなのです。東日本大震災での原発事故がそうであったように、人間にとって都合のよい善の部分だけを選び取ることは容易ではありません。

しかし不幸中の幸いというのでしょうか、災いたちが飛び出していったことに驚いたパンドラは急いでその箱を閉じてしまいます。その匣の底には、ぐずぐずした思い切りの悪い性格である「希望」がまだ飛び出さずに留まっていたのです。「それ以来、人間は永遠に不幸に悶《もだ》えなければならなくなったが、しかし、その匣の隅に、けし粒ほどの小さい光る石が残っていて、その石に幽かに『希望』という字が書かれていた」と、太宰も綴っています。

こうして分別とともに不幸も引き受ける運命になった人間ですが、その不幸を生き抜く希望もまた手にすることができました。まさにそれが、太宰がこの小説を書いた理由なのです。

国家権力による言論封殺、国民がおなじ国民を「非国民」と指さす自己検閲。原爆投下をはじめとする空爆、国民を見捨てた日本軍。戦地での強姦や試し斬り、多くの人間の殺傷。地主による小作人の搾取、財閥による労働者の搾取、貧困にあえぐ農村出身者のテロリズム。太宰はこうした戦前の悲惨な状況のなかにも、一筋の光を見出そうとしたのです。

しかし一九四八年六月、太宰はみずから命を絶ってしまいます。その直前に書き上げた小説が「人間失格」という題名の作品でした。結局のところ、戦争が終わっても人間は変わっていなかったと絶望してしまったのです。

信頼という賭け

「生れて、すみません」。一九三六年に執筆した「二十世紀旗手」で、かれはそのように書きました。青森の裕福な家に生まれた太宰は、戦前の日本社会に絶望していました。貧しい人たちからお金を巻き上げる富裕層の偽善者ぶり、その富裕層の目を盗んでは、その富を掠め取る貧しい人びとの狡賢《ずるがしこ》さ。そんな人間の性《さが》を受け容れることができませんでした。しかしなによりも富裕層の家に生まれて、ぬくぬくと育った自分を赦すことができなかったのでしょう。東大に合格した後、上京した太宰は、マルクス主義運動に身を投じますが、そこでもマルクス主義者たちのエリート意識に違和感を覚えて、運動から離脱してしまいます。

しかし皮肉にも、戦局が悪化するなかで、かれは絶望よりもむしろ希望を描き出そうとしました。今も教科書で取り上げられる代表的な作品「走れメロス」（一九四〇年）は、この困難な時期に書かれたものです。

そのあらすじは、つぎのようなものです。メロスはギリシアのある植民都市の王の暴政に憤り暗殺を企てたことで、はりつけの極刑を受けることになります。王は、人間は自分勝手な存在なので厳罰をもって支配するしかないという考えの持ち主でした。都市を治める立場の王はいろいろな市民と接したあげく、市民たちの身勝手さに深く失望していたのです。

王は家族との約束があったメロスに一度故郷に帰ることを許します。しかも、極刑のおこなわれる刑場に戻って来なくてもよいと言うのです。その代わり、ひとりの友人をその刑場に身代わりに預けていけと命じます。メロスが戻らなければ、その友人が処刑されるだけだ。お前が戻らず逃げてしまえば、お前は自由の身になれる、そんな条件を出したのです。

お前のためにその身柄を預ける友人がいるのか。そして、お前はその友人のために、自分が死刑に処せられる場所に戻ることができるのか。そうした状況を作り出すことで、王は人間の信頼を問おうとしました。

メロスは自分の迷いに苦しみながらも、処刑場に現れます。誘惑に打ち克って、友人との約束を守るのです。後年の作品「パンドラの匣」と同じように、さまざまな誘惑の試練を受けた後に、それでも他人を信頼したいという希望が残ったのです。それを見た王はみずからの考えを改め、暴力ではなく、徳をもって社会を治めることを誓うという結末でした。

人間を信じることの難しさと尊さ、その両面を描いたこの作品をとおして、国家権力によって言論の自由が封殺された「暗い時代」に、太宰はあえて希望の光を人びとの心に灯そうとしたのです。では、太宰が見出そうとした人間の「信頼」とはなんだったのでしょうか。太宰はメロスの口を通して、つぎのように信頼の意味を説きます。

義務遂行の希望である。わが身を殺して、名誉を守る希望である。……私を、待っている人があるのだ。少しも疑わず、静かに期待してくれている人があるのだ。私は、信じられている。私の命なぞは、問題ではない。……私は、信頼に報いなければならぬ。……私は信頼されている。私は信頼されている。

人間には、自分を見つめてくれるだれかの眼差しが必要です。それが自分にプラスに働くにせよ、マイナスに働くにせよ、自分を支えてくれる眼差しが必要なのです。たとえ現実の人間ではその眼差しを体現できなかったとしても、そうした具体的な人間や集団を通してこそ、人間は自分の主体を支えることができるのです。

精神分析ではこの信頼を感情の転移の一種、プラスの転移と名付けました。マイナスの転移とは依存感情のことです。肯定的な信頼は人間に自立を促す勇気を与えます。しかし、負の依存は、人間が自立するのを妨げ、だれか権威的な存在に服従する状況を作り出すのです。

正直言って、若い頃はこの小説があまり好きではありませんでした。人間なんてそんなに簡単に信頼できるものではない。かならず裏切られるものだ。そう思って反発心さえ感じていました。しかし、年齢を重ねた今だからこそ、太宰がこの作品に託そうとしたものが何であるのかが分かるような気がするのです。

たしかに子どもでも知っているように、人を信じることは難しい。それは、人が人を信じようとする人間同士の行為だからです。ご存知のように、人間はもろい存在です。そのもろい存在である人間が、おなじようにもろい人間を信じようとする行為なのですから、信頼関係が成り立ちにくいのも当然ではありませんか。

信頼はかならず報われるとはかぎりません。太宰の「走れメロス」もまた、そのことをわたしたちに語りかけているように思えます。自分が命を預けた友はなにかの事情があって来られなくなるかもしれない。あるいは裏切られるかもしれない。しかし、それでもいい。自分が傷ついても、命を失ってさえも構わない。こうした自己犠牲の精神こそが「信頼」だと太宰は考えていたのではないでしょうか。

太宰がキリスト教の影響の深い青森県の弘前近郊に生まれ育ったことも、こうした自己犠牲の精神を養うのに無縁ではなかったように思われます。この世におけるイエス・キリストの人生とは、他者のために自分の命を捧げる自己犠牲の実現に他ならなかったのですから。

こうした心境に達するまでには、友人を信じようとする側もか弱い人間である以上、メロスやその身代わりになった友人のように自分の気持ちが乱れることでしょう。しかし、相手のためになら、自分が傷ついてもよい。裏切られても構わないから、相手に関わりたい、相手を愛したい。そうした感情が「信頼」の基礎をなすのだと、太宰は語りかけるのです。たとえ、人間がおぞましく暴力的な暗い側面を、本性として避けがたく有するとしてもです。

皮肉なことに、こうした太宰の信頼への賭けは、戦争という「暗い時代」が終わりを告げたときになって、もろくも崩れていきました。「パンドラの匣」はそうした賭けに敗れる直前の、敗戦後のごく初期に書かれた作品でした。しかし程なく、太宰は気づきます。戦時体制が終わっても、「暗い時代」は終わらなかった。戦争は終わっても、人間の心から闇は消えてなくならなかった、と。

太宰は人間を極度に恐れ、自分に自信を持てずに生きてきたと言います。そこからかれは、自分のような人間は戦後の要領のよい社会のなかでは亡びる運命にあると考えるように追い込まれていきました。

ここで忘れてならないのは、太宰が失望していたのは他人ではなく、なによりも自分自身だったということではないでしょうか。かれは自分を例外的な高みに置いたのではありません。

太宰とおなじく、「無頼派」と呼ばれた小説家の坂口安吾は、「戦争に負けたから堕ちるのではないのだ。人間だから堕ちるのであり、生きているから堕ちるだけだ」(「堕落論」、一九四六年)と、人間にひそむ弱さを指摘しています。それでも人間は弱い存在だから、堕落することさえ貫くことができない。そこに、自己欺瞞が生まれると考えたのです。

それは、戦争に負けたから堕落したとか、民主主義が到来したから堕落しなくなったといった時代状況の問題ではなく、人間の本質の問題なのだと安吾も太宰とおなじように理解したのです。だからこそ、徹底した堕落を体験しつくすことこそが、その向こうに救済を見出すことにつながると安吾は考えました。「救済」とは、太宰の言葉で言えば、暗い時代に現出する「希望」のことなのです。

トカトントン

太宰が一九四六年に執筆した短編に「トカトントン」という奇妙な題名のものがあります。戦前、軍国主義に殉じようとしたときも、戦後になってからの小説の執筆でも労働でも社会運動でも、自分がなにかに熱中するとき、冷や水を浴びせるかのようにその音が聞こえてくるというのです。

何か物事に感激し、奮い立とうとすると、どこからとも無く、幽かに、トカトントンとあの金槌の音が聞えて来て、とたんに私はきょろりとなり、眼前の風景がまるでもう一変してしまって、……何ともはかない、ばからしい気持になるのです。

そして、太宰は「斜陽」（一九四七年）で戦後の民主主義の根本をなす「人間は、みな、同じものだ」という考え方にたいして、「これは、いったい、思想でしょうか」という根本的な疑義をトカトントンと突きつけます。

この不思議な言葉は、民主々義とも、またマルキシズムとも、全然無関係のものなのです。……嫉妬です。思想でも何でも、ありゃしないんです。……なぜ、同じだと言うのか。優れている、と言えないのか。奴隷根性の復讐。……この言葉は、実に猥せつで、不気味で、ひとは互いにおびえ、あらゆる思想が姦せられ、努力は嘲笑せられ、幸福は否定せられ、美貌はけがされ、光栄は引きずりおろされ、所謂「世紀の不安」は、この不思議な一語からはっしていると僕は思っているんです。

たしかに、「人間は、みな、同じものだ」という考え方は、民衆の政治参加のあり方を、個性のない均質なものに変え、衆愚政治とも訳されるポピュリズムを生み出します。戦前の国家体制が解体され、天皇のもとに独占されていた主権を、人民がはじめて手にしたかと思った瞬間に、個人としての人間の尊厳は損なわれることになったのです。少なくとも、そのように太宰は感じたのです。

戦後というパンドラの匣から最初に飛び出したのは、自由や民主主義という、一見すると希望のように見えるものでした。しかし、それは人びとの心を無自覚な自分勝手さに駆り立てる災いだったのです。結局、その匣に残ったのはやはり絶望だったということになります。とすれば、自分の書いた小説「パンドラの匣」とは逆の結末が、敗戦直後から太宰の目には明らかになっていたといえるでしょう。

「民主々義は、個人の尊厳を主張する。同じものだ、などとは言わぬ」。このように太宰にとっては、戦後の日本社会は異なる個性を有することを許さない、民衆が進んでたがいを監視する均質化された社会に映じました。戦前の全体主義は国家権力という上からのものでしたが、戦後の場合は逆に民衆がみずからそれを欲する草の根の全体主義となったのです。

いち早く戦後社会の欺瞞に気づいた太宰は、希望に満ちた日本社会のなかの居場所を失うことになります。結局は、家族のなかにも、文壇のなかにも、社会のなかにも故郷を見つけることができなかったのです。

覚醒しかけて、一ばんさきに呟《つぶや》いたうわごとは、うちへ帰る、という言葉だったそうです。うちとは、どこの事を差して言ったのか、当の自分にも、よくわかりませんが、とにかく、そう言って、ひどく泣いたそうです。(「人間失格」)

たしかに太宰は自分自身に「人間失格」の烙印を押したがゆえに、みずから命を絶ったのかもしれません。しかし実のところ、かれを死に追い込んだのは、太宰が気づいた欺瞞を認めず、一方的に「人間失格者」扱いにした戦後の日本社会のほうなのではないでしょうか。個人が異質であることを認めない、「人間は、みな、同じもの」を強要する点で、「天皇陛下の赤子」を国民に一律に強制した戦前の社会とどこが異なるというのでしょうか。

そんなふうにして始まった戦後社会に生きるわたしたちにとって、安心して帰ることのできる故郷はあるのでしょうか。本当に気持ちの通じる魂の恋人や友人はいますか。個性という魂を失った人間に、信頼の賭けをおこなう勇気などもてるのでしょうか。「勇気を持たないとき、ひとは希望も失う」。若くして日本を飛び出した思想家、酒井直樹さんの言葉ですが、魂を失った人間にはもはや希望は不要なのでしょう。他人と違う声をあげる勇気をもはや持っていないのですから。

しかし、だからこそわたしは思います。太宰のように気づいてしまった者たちを排除するような否定的な社会はもう終わりにしなければならない、と。阪神・淡路大震災や東日本大震災をはじめ多発する災害で、無念の死をとげた人たち。原爆で被爆した人たち、戦争で志半ばに亡くなった人たち。在日コリアンのように、大日本帝国の終わりとともに国民国家から放り出された旧植民地民。あるいは社会に追い詰められ逸脱していった犯罪者たち。

自分たちが仲間と認めず、排除してきたさまざまな人たちの声々に耳を傾けなければならないのです。それこそが、戦後民主主義が「同じでない」という理由で抹殺してきた人たちの声々なのです。

ただし、耳を傾ける「傾聴」という行為は、かれらの声の言いなりになることではありません。口惜しい思い、尽きぬ恨み、後悔や不安。そうした感情の底にある本当の思いを、本人さえ気づかぬ希望をかれらの途絶した人生のなかから取り出す行為です。「あなたの無念の思いは私たちが受け継いで行きます。もう、あやまちは二度と繰り返しません。どうぞ安心して、お眠りください」。そう告げて、絶望の底に希望を見出すことなのです。

「戦後」とはなにか

それにしても「戦後」とは奇妙なねじれを含んだ言葉です。実は、「戦後」という日本語には二つの含意があるのをご存知でしょうか。「もはや『戦後』ではない」という有名な宣言をもつ経済白書が刊行されたのが一九五六年のことです。ここで言う戦後とは、「戦争の影響下に留まっている段階」のことです。他方でその後、「戦後」という言葉が「戦争の影響を脱した段階」という意味で用いられるようになりました。現在、わたしたちが口にする「戦後」という言葉は後者です。「平和で自由な自立した時代」という意味なのです。
アメリカの日本研究ではこうした戦後は、「戦間期」とも呼ばれています。戦争と戦争の間という意味ですね。そこには、また戦争が起こる危険性が十分ある移行期という含意があります。あるいは、「戦後」は「戦前」、「戦中」という言葉と組になって、「戦争前後」という塊の時期のひとつの様相として理解されています。いずれにしろ、アメリカでは戦後はひとつの移行期にすぎず、完結した平和な時期という意味をもちません。
なぜならば、世界では戦後という時期を迎えていない社会が圧倒的に多いのです。たとえば、韓国や北朝鮮はいまだ朝鮮戦争が終結していません。休戦はしているものの、いまだ終戦にはいたっていません。かつて、わたしは韓国に赴いたさいに、韓国の教え子にこう言われました。

「先生の国では『戦後』と言うけれど、今もわたしたちの社会は戦時体制のもとにあります。日本人には戦後であっても、韓国人にとっては戦後ではありません。わたしの祖父は北朝鮮に行ったまま、今も消息不明です。親戚には朝鮮戦争で殺された人、ベトナム戦争でベトナム人を殺した人もいます。その心の傷はいまだ癒されていないのです」。

わたしには返す言葉がありませんでした。アメリカは第二次世界大戦のあとも、ベトナム戦争やイラク戦争をはじめいくつもの戦争に介入しています。ひとつの戦争の終結はその社会が戦後に入ったことを意味しないのです。まして内紛の絶えないアフリカや、緊張の続く中近東ではなおのことでしょう。

　では、なぜ日本は「戦後」を戦争が終わった、平和な時期と考えたのでしょう。日本社会での自己理解としては、原爆や空襲のつらい経験から反戦思想が根づき、恒久平和を願う気持ちがとくに強くなったためと考えられてきました。他方、戦後日本を占領し、社会の方向を決定づけたアメリカでは、日本の平和はアメリカによる武装解除によってもたらされたもので、その目的は日本を植民地化するためであったと、エリートたちは考えてきました。だとすれば、戦後の日本社会の平和はアメリカの武力によって作り出された、アメリカの都合に応じた一時的なものであったということになります。

　ですから冷戦体制が確立すると、今度はアメリカの都合で、日本国民の意向に反してでも自衛隊が作られ、現在では海外派遣が求められるようにもなります。その方針に則って改憲および武装化を進めてきたのが自民党政府であったことは言うまでもありません。

　それは戦前への回帰などではなく、アメリカの傘下での再軍備という戦後固有の体制だったのです。だとすれば、日本列島から米軍基地がなくなるわけがありません。それは、アメリカの軍事的傘下で保障された平和を享受するためにアメリカから出された必要条件なのです。戦後の日本社会とは、こうした自民党＝アメリカ政府の方針と、それを阻もうとする勢力の拮抗関係が作り出してきたものです。天皇制さえもが、アメリカが日本の占領政策を円滑に進めるために残した傀儡《かいらい》装置なのですから。

「なぜ、イラク人は日本人のように、アメリカの言うことを聞かないのだ。イスラム教だからか。神道は天皇を使えばうまくコントロールできたんだがな」。

これは、わたしが二〇〇一年の九・一一のテロのあとにアメリカの大学に滞在していたときの、アメリカの日本学者が発した言葉です。かれらの多くにとって日本を研究することは、相互理解を深める対話のためではなく、アメリカが日本を上手く支配するための手段だったのは確かな事実です。ですから、戦後が「閉じた平和空間」であったと言い切ることはできません。それは、あくまでもアメリカによって作られた、日本固有の状況にすぎないものです。しかも、それは敗戦という戦後の基点をなす出来事にいまなお規定されているものといえるでしょう。こうした眼で戦後の日本社会を見てみると、人間宣言をしたにせよ天皇制の存続、旧植民地への戦後補償の未解決など、戦前の大日本帝国の問題群がいまだ残滓のように現在の日本社会を規定し続けていることが明らかになります。

さらに、アジア・太平洋戦争の終結を決定づけたとされる広島・長崎への原爆投下。それは戦前の体制の終焉をなすと同時に、戦後社会のはじまりを決定づけた重要な出来事のひとつでした。その経験は当初、日本社会を反原爆の方向へと押し出したのですが、一九五〇年代には原子力社会へと一転して舵を切ることになります。核エネルギーの恐ろしさを知るがゆえに、その利用を全面禁止するのではなく、平和利用をしよう。このような意図のもとで、全国各地の辺境に原子力発電所が作られていきました。

この原発推進政策もまたアメリカの核の庇護下にあって、原発による資本主義の推進をおこなうアメリカの意向に基づくものであったわけです。しかし東日本大震災を経験したわたしたちは、核エネルギーが人間の制御を超えるものであると知ってしまった以上、原爆にせよ原発にせよ、その開発を推し進める政策は誤りであると言わざるをえません。それにもかかわらず、原発の再稼動は徐々に始まっており、今や動かしがたい社会の流れになっています。日本社会では、なにが正しいことなのかを分かっていても、それを実践することをためらわせるような、なにか無力さの感覚が確実に広くはびこっているのです。

ポストコロニアル状況

この二十年間、海外の学界では「ポストコロニアル状況」という言葉が旧植民地の研究者を中心に注目を浴びてきました。「ポストコロニアル状況」、それはかつて植民地になっていた地域が宗主国の支配から政治的に独立した後も、政治的だけでなく、文化的にも経済的にも深い後遺症に悩むことになる状況を指した言葉です。

かつて、植民地の人びとは政治的に独立すれば、植民地化される以前の自分たちの生活に立ち戻ることができると信じ、政治的解放を夢見てきました。しかし、実際に独立を勝ち取ってみると、その後の国家の維持は容易ではないことが明らかになってきました。大日本帝国に支配されていた東アジアを例にとれば、朝鮮半島への米ソの介入、その結果としての北朝鮮と韓国の分裂。あるいは台湾と中国本土の分裂。旧満州で大日本帝国の要人として活躍したコリアンたちが、戦後祖国で政治的要職を占めたことなどが、典型的な事例です。

それだけではありません。文化的なアイデンティティとしても、韓国などではかつての帝国支配を憎むあまりに、極端な民族主義政策をとるにいたります。その結果、自国民であってもかつて宗主国に親密な態度をとったものを「親日派」と呼び、社会的に処罰する政策を今なおとっています。政府だけではありません。国民自身がそのような処罰を望んでいるのです。

わたしたちはかつて純粋な「コリアン」であった。それを大日本帝国の支配に攪乱《かくらん》されただけだ。だからもう一度、純粋な「コリアン」に戻るのだとかれらは言います。しかし、純粋な「日本人」が現実の存在ではなく、心の中で創造された欲望でしかないように、「韓国人・朝鮮人」あるいは両者を含む「コリアン」という存在は一度として実在したためしは無かったのではないでしょうか。

そもそも「コリアン」という言葉は英語です。それにたいして、日本語や韓国・朝鮮語には、南北朝鮮にまたがる統一民族に相当する言葉は存在していません。ですから、韓国のコリアンを「韓国人」、北朝鮮のコリアンをかつての植民地時代とおなじ言葉で「朝鮮人」と呼んでいます。日本や朝鮮半島では政治的だけでなく文化的にも、近代以降には統一民族として「コリアン」は存在したことがないのです。

それは、こうした「日本人」や「コリアン」という観念そのものが、欧米の帝国列強が東アジアを侵略する中で生まれたものだからです。欧米の世界に巻き込まれた東アジアの各地域が帝国主義に抵抗する拠点として、欧米の国民国家を観念的に模倣して想像するようになった結果なのです。大日本帝国もその一つです。

しかし、ポストコロニアル状況は旧植民地側だけの問題ではありません。支配した宗主国側の問題でもあります。日本人のなかには、韓国や北朝鮮の人を極度に嫌う人がときおり見られます。よく話を聞いてみると、漠然と過去の植民地支配に罪悪感を持っており、その過去と向き合わないために、かれらとの接触を遠ざけるためであることが分かります。「謝りたくない」。「謝ったら、なにを要求されるか分からない」。こうした感情は、自分の過去と向き合いたくないという罪悪感から発生したものと思われます。

一方で日本人は、コリアンや中国人などのアジア人を蔑視することで、「日本人」という政治・文化的な主体を構築し、旧植民地を搾取することで帝国としての繁栄を築き上げてきました。しかし、その繁栄は欧米の植民地に転落することへの不安に根ざしたものであり、政治・経済システムからして、他国を植民地にすることでしか、自国の政治的主権を守ることができないようなものでした。

欧米と自国のあいだの政治的緊張関係を、日本はアジア諸国との支配関係に転化することで、主権国家としての体裁を整えたのです。かれらを犠牲にして、かれらを差別して「日本人」というアイデンティティを構築することで、日本社会は欧米諸国の支配から逃れ、それをアジアとの関係に再現していきました。「欧米―日本」という植民地的関係が、「日本―東アジア」という関係へと転化されていったのです。

ポストコロニアル状況とは、旧植民地に濃厚なかたちで現れはするものの、旧宗主国を含むかたちで存在した「宗主国―植民地」という関係性全体を指すものなのです。大日本帝国の解体と同時に日本国籍から放り出された旧植民地の人たち、在日コリアンたちはまさにこうしたポストコロニアル状況の犠牲者でした。

アメリカの植民地

そのつぎの段階で日本社会を待っていたのは、軍事的占領というかたちで始まった「アメリカ―日本」という植民地関係でした。それが解放された今も、アメリカの意向で国の外交政策や原発政策が決定されているのは周知のとおりです。戦後における天皇制の存続もまた国民の意思ではなく、アメリカの意向を受けたものでした。より正確に言えば、アメリカの占領軍と天皇の思惑が合致したところから生じた結果でした。日本国民の戦争理解はみずからを戦争の被害者側に置き、平和を訴える立場をとりますが、それもまたアメリカが極東裁判のみを正式な軍事裁判としたためでした。

日本とアメリカの関係にもとづいて、日本を被害者、すなわち原爆を落とされた立場として、その戦争体験を集約しようとしたのです。一方で、日本が先の戦争において加害者であったことはその記憶から削り落とされていきました。本当は、BC級戦犯に対してアメリカをはじめ中国などの八ヵ国がそれぞれ裁判をおこないました。しかし、その記憶は冷戦体制のなかで、アメリカ一色の極東裁判に、それに対する肯定も反発も含めて、回収されていってしまったのです。これらの裁判を極東裁判と並べて記憶していれば、日本は被害者としてだけでなく、加害者としても戦争の残虐さを徹底的に批判する平和思想をもつことができたはずです。

こう考えれば、わたしたちの政治指導者になぜアメリカの意向に追従するものばかりが選ばれてきたのか、アジアを軽視する態度をとるのか、それも理解できてきます。それはわたしたちが自分で選択した態度であるというよりも、むしろ新たな「アメリカ―日本」という占領関係と、かつての「日本―東アジア」という植民地関係が不公平に重なり合うかたちで生み落とされたものなのです。それが、戦後の日本を規定する病んだポストコロニアル状況なのです。

そのなかで「純粋なわたしたち」というアイデンティティも出現します。それはあくまで認識様態としての「言説」なのですが、そこにはかならずや感情が伴ってくることを忘れてはなりません。感情を伴うがゆえに、認識様態としての言説が、感情に支えられた「主体」を立ち上げることも可能になるとみるべきでしょう。

しかし、それは純粋ではありえない複雑な交錯状況のなかから、「韓国人・朝鮮人」が出現してきたように、「日本人」という主体の統一性を保持するために繰り出された想像の装置でした。ただし、そうした統一装置の存在そのものが悪いわけではありません。

それがなければ、日本人という主体はアメリカ、オランダ、韓国、中国といった諸勢力に引き裂かれていたことでしょう。ただ、その想像の仕方を、それ以外の現実を認めないものにするか、複雑な現実と交渉できる開かれたものにするかで、他者との関係も、そして自己自身との関係もずいぶん異なってきます。

このようなポストコロニアル的な視点に立つとき、戦後七十年を機に盛んに保守陣営から叫ばれた「戦後の克服」というスローガンにも大きな疑問が付されます。しかし、同時にいわゆる革新層から湧き上がった「戦後を守れ」というスローガンにも、正直言ってわたしは違和感を覚えています。もはや革新層は革命による資本主義の廃棄も、天皇制の廃止も、安全保障条約の廃棄も断念しているのです。だとすれば、アメリカと一定の距離を保ちつつ、平和憲法と民主主義を保持するということがかれらの戦後遺産の継承ということになるでしょう。

戦後の日本を長きにわたって、良くも悪くも支えてきた保守陣営がその「戦後」を終わらせようとし、それを批判してきた革新層が「戦後」を守ろうとするのは、いったいどういうことなのでしょうか。わたしの理解では、戦後における現実と理念のあいだに生じたねじれた関係について、現実に基づいたかたちで理念のほうを書き換えようとしているのが保守陣営、理念の実現が無理でも、せめてそのねじれ関係を保持しようとするのが革新層といえるでしょう。

革新の立場が、かれら自身が言うように戦後理念の維持にあるとすれば、それは平和憲法と民主主義の保持ということになります。他方、保守陣営は戦後体制の象徴であった平和憲法を終わらせ、軍備を拡大していこうとしています。言うまでもなく、それはアメリカ政府の方針に沿ったものです。

こうして考えてみると、安保条約、消費主義、象徴天皇制、好むと好まざるとにかかわらず、このあたりが両陣営ともに戦後の日本社会を支えてきた価値観だと考えているようです。その点では、両者とも戦後体制を守ろうとしているのです。なぜならば今や両者とも自由主義経済やリベラル民主主義の支持者である点で、変わりはないのですから。そのうえで、どのようなかたちの民主主義を実現し、平和主義をどのようにして保持するのかという点で争っているのではないでしょうか。

このように、保守も革新もさほど変わらない見解を有してきたと捉えるならば、両者とも戦後社会を終わらせようなどとはしていないのです。むしろ、戦後をとおして自分たちが獲得してきたものを既得権益として守りとおしたいのだと言ったほうがよいのではないでしょうか。保守陣営は保守陣営で、革新層は革新層で、天皇制やアメリカとの関係で獲得した利益があるのです。

そのためにおこなわれているのが、「国民」として認められない者たちの排除であり、都合の悪い出来事にたいする「否認」です。その排除の論理は保守も革新もきわめて似たものです。民主主義の名のもとに相手の口を封じる、世界平和あるいは個人の自由の保護の名のもとに相手を排除する。そこで起きているのは、自分たちと違う立場の者たち、自分たちの既得権益を侵す者たちの声々を排除することです。抑圧、改竄、検閲。それが自由主義の保護の名のもとにおこなわれる。そうした人間は「非国民」として排除されるのです。そうして、ナチスドイツに迫害された政治哲学者ハンナ・アーレントが「全体主義」と呼んだような、過度に均質化された社会が現在の日本社会にも出現しているのです。

スマホ地獄

街では、若者も中年の人びともスマホを手にして、忙しそうに歩いています。電車のなかで、バスのなかで、路上で、人びとはスマホに目を落として、なにかを懸命に操作しています。だれも目の前ですれ違う人間には関心がなさそうです。

ゲーム、マンガ、メール、音楽……。大切なだれかはどこか別のところにいて、目の前にいる人間には関心がないかのようにふるまっています。決まった話し相手のいるかれらが、わたしもうらやましくなります。では、かれらの心中はどのようなものなのでしょうか。

ネット上では相手を知らないからこそ、ホンネが言えたりする。向こうもホンネで返してくるのがわかる。約束でもしない限り、直接、会うことはないですから、その安心感でホンネが言える。精神的に弱い部分を見せると、言葉をかけて癒してくれる人がいる。たとえ、それが嘘だとしても、その人とは絶対に会わないからそれでいい、と思えた（芦崎治『ネトゲ廃人』）

これはパソコンのチャットサイトについての発言ですが、同じようにスマホでネットにつながることで、面倒くさい日常の人間関係からは解放され、心のうちに秘めていた本音が語れるようになるというわけです。「強くなりたい」、「友達を増やしたい」、「だれかにほめられたい」、そうした思いで、ソーシャル・ネットワークに入っていく。ネットを通してこそ、本音を語り合える恋人や友人も見つかるというのです。

みんな、寂しいのです。不安なのです。進んで、なにか大きな存在の一部となって、自分を守りたいのです。そして、なにも考えなくても安心して暮らしていけるような世界が来ることを望んでいる。日常の人間関係で傷つくことは多々ありますから、わたしのみならず、そうした関係がうらやましく感じる人も少なくないのではないでしょうか。ところが、そこでも、「自分の気持ちとかは関係なく、みんなが求める自分像をせっせと探って、そこに合わせるんです」といった問題が生じてきます。

現実から逃れたのもつかの間、今度はヴァーチャル空間のつながりに服従しなければならなくなりました。しかも眼前の相手ではないがゆえに、過酷なことも軽い冗談ののりで要求できるようになってしまう。スマホを取り上げられると「今、この場で首を吊ってやる」と叫ぶように、過激な言葉が、ヴァーチャルでもリアルでも「ホンネ」として飛び交うようになります。まわりに嫌われないことが極度に大事になったからです。自分の全裸写真が回覧されたりする。そうしなければ仲間からはずされるといいます。

ネットだけでつながった実在感のない相手だけに、誹謗中傷の言葉も過激になります。「みんながやっているから、まぁいいかと思った」。そんな感覚で、他人を傷つけたり、自分が傷つけられる不安定な評価の世界。「死んでお詫びします」と、土下座する自分の動画を回覧することを強制される暴力的な世界。そして、ゲームで課金されたことによる膨大な支払い。それはヴァーチャルではなく、現実の中で支払わなければならないものです。

ネットの世界でもお金を儲ける人がいれば、損する人もいて、かぎりなく二極化しているといいます。それでもだれかから見捨てられるのが怖くて、スマホから離れられません。移動中でも、トイレに入っていても、食事をしていても、スマホを操作している若い人たちが増えています。若者だけではない。高齢者もまたスマホゲームや、アダルト動画にはまっているというのですから。

「リアルにログインする」という言葉まであるように、ネットが現実世界で、日常世界がヴァーチャルだと思うような人が出てきています。ノンフィクションライターの芦崎治さんがインタビューした「ネトゲ廃人」と呼ばれる人たちの中には、「それって、リアルで？　バーチャルで？」と質問しなくてはならなかった人もいたといいます。こうして、ヴァーチャルな体験が日常の世界を覆いだしてしまう。ネット恋愛で本物の愛に目覚めたから、離婚したいというケースまで出てきているといいます。

それはマンガやアニメというフィクションの世界のリアリティが現実世界のリアリティを超えてし

まったということとおなじなのでしょうか。社会学者の菅野仁さんは、「アニメやゲームのキャラクターであどけない顔で胸のふくよかな女の子のイメージを時折見かける度に、男の子にとっては、幼くて脅《おびや》かしのない、しかも母性的なキャラクターが本当に理想なのだろうなあと思い知らされます」と、現在の若い男性の傾向を指摘しています。残念ながら、現実の世界にはそんな女の子はまずいません。

だから、かれらは現実と上手く折り合いがつかなくなると、自分の幻想の世界にひきこもってしまいます。そして、インターネットのアダルトサイトやゲームの恋愛にはまっていきます。ひどいときには、現実の女性をこうしたネットのキャラクターとおなじような、自分の思い通りになる「物」として扱ってしまうことさえあります。

当初、マンガやアニメは人間を圧迫する現実に風穴を開け、現実の世界を異化する表現手段でした。人間の想像力、あるいは精神分析家のジャック・ラカンの言う「幻想の世界」が、現実の世界に異質な世界を持ち込むことを可能としたのです。そうすることで、若者たちは圧倒的な現実と対峙する力を得ることができました。

しかし、次第にこうした表現世界が消費主義と結びついていったことで、個人の欲望をほしいままに体現する幻想領域として、むしろ現実を覆い始めました。スマホやインターネットをとおして、現実と接する前に、人間の主体は、作り上げられた幻想領域のなかに生まれ落ちるようになりました。

今日の恋愛における、「即レス」の反応を相手に求めることで、その深度を測るという傾向も、同様の問題を含むものです。その心理機制を、菅野さんは「同調圧力」と名づけています。

こうした現象は、自分たちの幻想領域がひとつの現実の装いをとって人間を呑み込んでしまったがゆえに生じたものと考えられます。その世界は、ネット炎上やポルノなどにみられるような、むきだしの粗野な感情や欲望が渦巻く世界です。秩序のない感情が人間を呑み込み、人間が現実に向き合えないように主体性を奪い取ってしまいました。ここで言う「現実」とは他者と出会う世界です。「他者」とは自分の意のままにならない別の主体あるいは別の人格を有する存在のことです。

他者との出会いはつねに予測不能なハプニングに満ちあふれ、その行動は自分の予想を逸脱します。自分もまた他者の予想を逸脱しているのです。それでも他人と向き合っていこう、他人を理解しようというのが現実の世界です。身体と感情をもった他者と出会う場なのです。

しかし、それは心地よい出会いだけではありません。恋人になる、家族になるにしても、長い葛藤や努力があって、そのすえに信頼し合う関係を築き上げるのです。それは個人と個人の出会いにかぎりません。国家と国家の出会いもまたそうです。たがいに独自の歴史と特質をもった国民と国民が出会う。

そこで相手を理解できない場合、その関係を投げ捨ててしまうのか、それとも苦痛を背負ってでも相手を理解しようと試みるのか、こちらを理解してほしいと懇願するのか。それはひとえにわたしたちの意思にかかっています。だれと別れ、だれと出会うのか。だれと関わり続けていくのか。そこでわたしたちひとりひとりの意思が問われるのです。

だからこそ、「まるごとすべて受け入れてくれているわけではないんだけれども、自分のことをしっかり理解しようとしてくれている人と出会う――そういうレベルで、私たちは他者を求め、しっかりと向き合って関係を深めていける」ようにすること、すなわち「この人は自分にとって『信頼できる他者』だ、と思える人を見つけるということが絶対必要になると思います」と菅野さんは言います。

それにたいして、ヴァーチャルの世界はそれを作り上げた人間の幻想や欲望に従って均質化され、その世界の内部で出会うキャラクターは、だれも自分の理解の域を超える存在として尊重されることもありません。たとえ、逆らったように見えても、最後は自分を理解してくれる予定調和な対立でしかありません。それは現実の人間にたいするときでもおなじでしょう。自分の意にそぐわなければ、相手を黙殺してしまえばよいのですから。そうすることで相手が傷つくことなど関係ありません。他者にたいする感受性を失った人間にとっては、自分が傷つかなければよいのであって、相手がどんな傷を抱えてこの世界を生きてきたのかなど関心のないことなのですから。

こうした苦痛のない、ナルシシスティックな世界は、まるで今の日本の社会の縮図のようです。だからこそ、アメリカ在住の思想家、酒井直樹さんにならって、「ひきこもりの国民主義」と戦後の日本社会を呼びたいと思います。

『はだしのゲン』

すでに撤回されたことではありますが、原爆投下された広島の人びとの暮らしを描いた中沢啓治の漫画『はだしのゲン』(一九七三―八五年発表)にたいして、松江市の教育委員会が児童閲覧に制限をつけるという出来事が二〇一二年に起きました。それに先立って『はだしのゲン』の閲覧を制限した鳥取市立中央図書館も、この作品が子どもの精神にダメージを与えることを理由に挙げていました。子どもの精神は本来的に純粋無垢なものであり、傷とも悪とも縁がないままに健全に育つはずという思い込みを、これらの団体が有していたことが推察されます。

しかし、そのような無垢さが人間に本来的なものなのかどうか、そうした観点から子どもたちの情操教育も考え直すべきではないのでしょうか。精神分析の理解によれば、精神的なトラウマとはなにか具体的な出来事ゆえに子どもの精神に刻み込まれたものではなく、生という営みそのものに不可避に伴う傷だといいます。そうだとすればその不可避な傷にどのように向き合うべきなのか、そのための知恵を模索したほうが有意義ではないでしょうか。

『はだしのゲン』はわたしが小学生の頃、少年向けの漫画雑誌『少年ジャンプ』に連載されていました。今から考えればわたしが、この漫画を毎週読み続けたのは、原爆の悲惨さを伝えるだけでなく、そこに描かれた主人公の少年のユーモアに満ちた逞しい生き方に魅了されたからでした。この作品は人間の愚かさや醜さを正面から描きつつも、けっして人間不信に陥ることなく、物語の冒頭に掲げられた「ふまれた麦ほどたくましく生きる」という言葉通り、そうした現実を踏み越えて平和を願う主人公たちの明るさに、読者を魅了してやまない秘密があったのです。

それは、さきの団体が懸念するような、少年の無垢な心に傷を与えるようなグロテスクさを強調した作品などではありませんでした。むしろ漫画という広い読者層をもつ表現媒体をとおして、他人の痛みが分かるような人間になって欲しい、人間は愚かな存在だが、その愚かさに負けない強さをもって欲しい。それが、『はだしのゲン』という漫画に込められた作者の願いなのだと、幼いわたしも感じていました。

こうした稚拙な無垢さへの憧憬が、東アジア諸国にたいする近年の日本の対応にも関係しているところに、見過ごすことのできないこの閲覧制限の問題の根深さがあります。帝国日本の加害者としての記憶を抹消し、父なる天皇のもとで日本国民の家族としての一体性を謳うナショナリズムが煽り立てられています。靖国参拝をはじめとする安倍晋三首相の一連の言動もまた、その象徴的出来事のようにわたしには思われるのです。

戦後民主主義へのトカトントン

結局のところ、松江市教育委員会の閲覧制限は撤回されましたが、その後、東京都教育委員会に同書の閲覧を制限するべきだという要望が数多く寄せられました。そうした言論の自由を封殺する発言も、市民社会の平等性として保障されるべきなのでしょうか。個人の見解の相違を認めない発言までもが、個性として尊重されるべきなのでしょうか。

こういった主張まで自由として認めるのであれば、個人の思考の強靱さを育む可能性はほぼ潰えてしまうでしょう。そこには、太宰が懸念したような、「人間は、みな、同じものだ」といった乱暴な均質化欲求が、隠されているのではないでしょうか。その点についても、安倍首相の発言は今の日本社会のある一定の理解を反映したものとなっているように思えます。

日本の国は、戦後半世紀以上にわたって、自由と民主主義、そして基本的人権を守り、国際平和に貢献してきた。……日本人自身がつくりあげたこの国のかたちに、わたしたちは堂々と胸を張るべきであろう。（『美しい国へ』）

この発言にも嘘がちりばめられています。残念ながら、戦後日本社会の体制は純粋に日本人が作り上げたものではなく、アメリカがその基本枠組みを与えたものです。アメリカの意向をうけて、米軍基地を日本に置くことを引き続き確約した一九六〇年の安全保障条約を、国民の反対を押し切って締結したのが、当時の首相であり、安倍首相の祖父の岸信介であることはよく知られています。祖父と同様に、安倍首相の言う「国際平和」もまたやはりアメリカの意向に沿った「平和」であり、アメリカに対立する国を敵として撃つという考えであることは言うまでもありません。

なによりも、「自由と民主主義」、それがどのような実態を伴うものなのか、この著作のなかではまったく触れられていないのです。しかし、ここまでの議論からすでに明らかなように、安倍首相が言う「民主主義」とは「みな、同じ」民主主義であり、「みな、同じ」消費者としての国民の外側に、それを支配する「みな、同じ」ではないエリートたちがいる格差社会の民主主義なのです。そんな社会で、すべての人が等しく「自由」を享受することなどありえません。

敗戦から七十年以上の歳月を費やして、戦後の日本社会が到達した水準がこの程度のものなのでしょうか。そこに民主主義と自由主義経済の無惨な帰結を見るのはわたしだけでしょうか。安倍首相のような理解こそが、今日のポピュリズムと消費主義を生み出したように思われます。民衆のための政治が、義務を伴わない権利だけを主張する大衆を生み出します。その大衆はすでに自由主義経済に同化しており、ひたすら消費主義という見えない欲望に駆使されています。もはやそこには思想的な強度をもった主体は存在せず、消費主義的な欲望を個人の権利と錯覚した「動物化した人間」（東浩紀）がいるだけなのです。

しかし、さきのスマホをめぐる幻想の背景に消費主義が控えていたように、ヴァーチャルだけで完結するような気楽な世界とは、よく考えれば分かるように、現実世界には当初から存在しうるはずのないものでした。そこで作られた幻想にわたしたちはひきこもり、そのなかで苦しみもがいていたのにすぎなかったのです。

思えば、わたしたちはかならず現実世界で代償を払わされてきたのではないでしょうか。たとえば、原爆という痛手を被ったにもかかわらず、原発の開発にいそしんできた日本社会は福島第一原発の爆発でふたたび被曝してしまいました。今日、雪崩を打ったように大災害の続出する社会に住むわたしたちが、原発開発と手を結んだ自由主義経済をこのまま肯定し続けていってもよいものなのでしょうか。

そもそも「人間失格」なのは、だれなのでしょう。自分の保身のために、無分別に「民主主義」という錦の御旗を使うエリートたちのことではないでしょうか。さらに言えば、この社会をマジョリティとして要領よく生き延びてきたわたしたちのことなのではないでしょうか。だからこそ、戦後幻想に別れを告げなければなりません。犠牲のない平等な世界だと言いつつ、だれかを傷つけるひとりよがりな平和幻想をもう終わりにしようではありませんか。

太宰の言う「トカトントン」という音が聞こえてきやしませんか。今まで信じてきたなにもかもが、「なんともどうにも白々しい気持で」、怪しいもののように思えてきませんか。だとすれば、今、わたしたちはこの章を出発点として、戦後の価値観を問い直す旅に出ようではありませんか。この対話の旅のすえに、数え切れない絶望が飛び出した「パンドラの匣」の底に、もしなにか一筋の希望の光を見つけられたならば、それは素晴らしいことのように思えるのです。

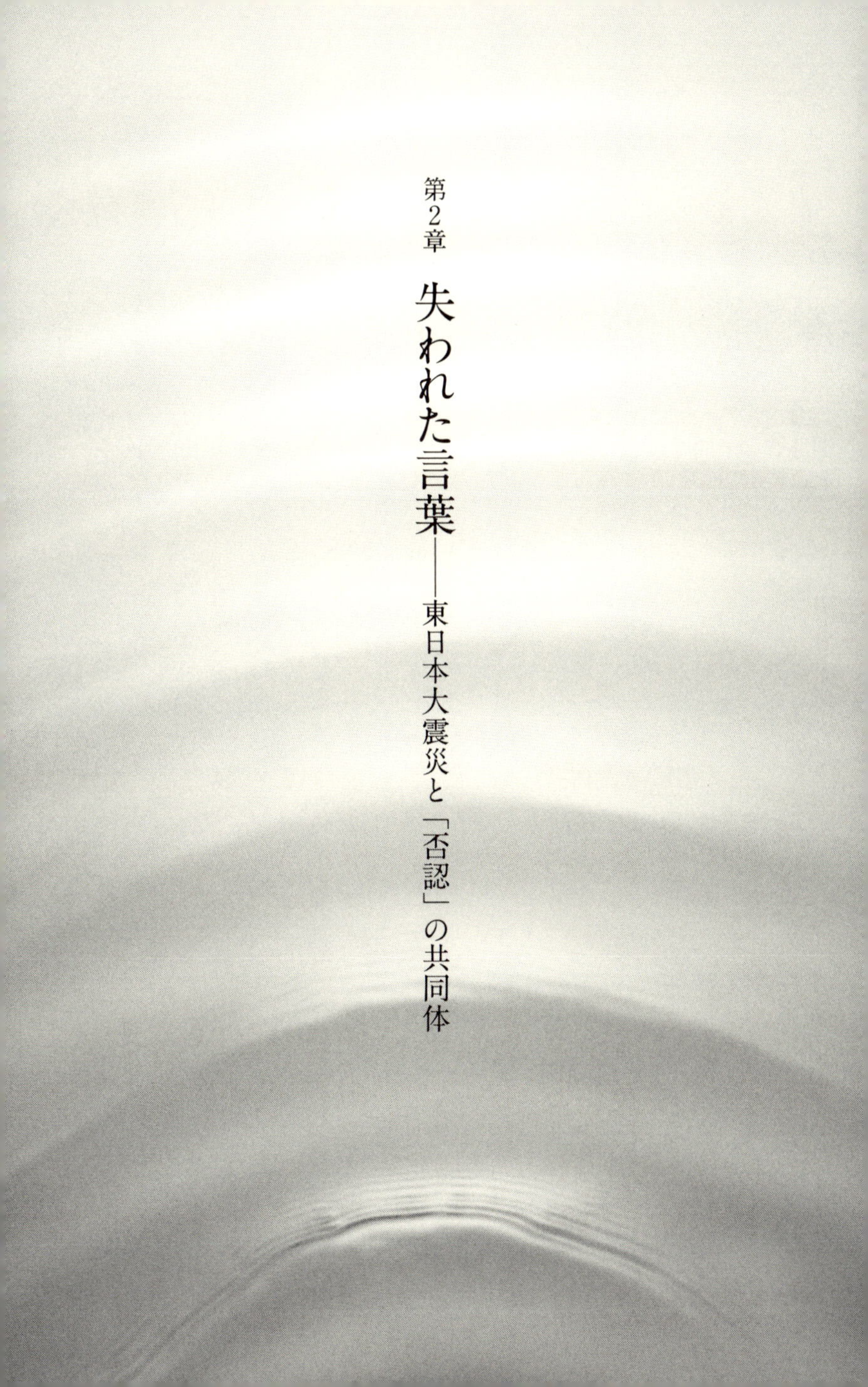

第2章 失われた言葉

——東日本大震災と「否認」の共同体

では、戦後社会に見出されるはずの希望はどこにあるのでしょうか。さまざまな災いを経験した戦後の日本社会にもかかならずやどこかに希望の灯火がともっているはずです。本書では、戦後の歴史を振り返りながらその希望の声を、言葉や行動を探していくことになります。しかし、そのまえに戦後日本社会を近年襲った最大の災害、東日本大震災を振り返ってみましょう。この災害にさらされたことで、わたしたちがなにを失ったのかをまずは明らかにしたいと思います。

津波に呑まれて

東日本大震災から数年後、東京で開かれたとある学会の一環で東日本大震災と信仰にかんする共同報告会が開かれました。私も報告者のひとりとして参加しましたが、小さな会場ながら、立ち見が出るほどの盛況でした。亡くなった人びとの無念、生き残った人びとの悲しみを改めて目の当たりにした思いです。東北地方に比べれば、被災地とは名乗りがたい東京においてさえ、いまだこの災害にたいする関心が高いことを思わせる参加者の多さでした。

わたしたちは、死者と生者がいかに深い交わりをもった空間が開かれたのかを語り合いました。熱気を帯びた会場の空気に、死者たちがそこにいて、わたしたち生き延びた者の話に耳を傾けているかのようでした。そうした死者とともに自分があるという感覚は、被災地ではしばしば述べられてきました。あのときから被災地では、自分がもはや死者から切り離されては生きていけないこと、むしろ生者は死者の一部になっていることに気づいたのです。つぎの話は、わたしが東北大学の集中講義に赴いたときのものです。

ゲストに招いた東北在住の老教授が「見えないものを語るのが宗教学なんだよ」と話したとき、ひとりの学生がおもむろに手を挙げました。「大川小学校にボランティアで通っています。遺族の方が校庭を指してこう言われたんです。『子どもたちが今もここで遊んでいるのが見えますか』。気が動転してしまって、いまだ答えられないままなんです」。

宮城県石巻市の大川小学校では子どもたちの大半が津波に呑み込まれ亡くなってしまいました。その原因が教師にあったのではないかと遺族と係争中でした。その学生は、こうした子どもたちの魂が校庭にいることを否定したならば、もはや幽霊としてさえ存在していないことになってしまい、さらに遺族を傷つけるのではないかと苦しんでいたのです。かといって、魂が見えると言ったら、自分がおかしくなったのではないかと思えてとても耐えられなかったのです。

「聞こえてくる声、見えてくる光景に耳をふさいだり目を閉じたりしてはいけないのではないでしょうか」。沈黙が支配する教室のなかで教授の言葉が浮かび上がりました。学生は泣きじゃくりながらこう言いました。「本当はわたしにも見えていたんですね。でも、それが苦しくて、苦しくて。見えないことにしようとしていたんですね」。

津波の衝撃は今も終わっていないのです。たしかに現実の津波は程なく引いたのかもしれません。しかし、思うようにいかぬ経済の復興と同様に、津波が残した心の傷はいまだ被災者の心を苦しめているのです。たしかに仙台やいわきといった東北地方の中心都市は見事に復興しました。しかし、海岸部に足を運んでみてください。三陸地方の海岸部にはいまだなにもありません。いいえ、そこには灰色の強大なコンクリート壁が延々つづく光景が広がっています。それは震災前とは異なる光景です。

あの日、未曾有の惨劇を引き起こした海を記憶から消そうとするかのように、刑務所の壁のような巨大なコンクリートが視界をさえぎっています。人びとは自分の眼前にある海を眺めることができなくなりました。津波を防ぐためですから、やむをえないことなのでしょう。しかし、記憶をさえぎるために、人はみずからを人工的な壁のなかに閉じ込めてしまったのではないでしょうか。わたしたちはなにを得て、なにを失ったのでしょう。

海岸部にある仮設住宅を訪れたところ、ほとんどの人は復興住宅に移るなどして、残っている方はわずかばかりでした。被災した方たちが祀り始めたお地蔵さんも、原っぱのなかに埋もれて寂しそうでした。今では祀る人もないようで、供えられたコップの水は空になり、お菓子も野良犬かなにかに食い散らかされていました。

東日本大震災で家族を失い、家を失ったにもかかわらず、避難した先でも取り残される人びと。かれらはいく度差別され、置き去りにされればよいというのでしょうか。


「俺はかあちゃんが迎えに来るのを今か今かと待ってるだけだ。あのとき一緒に死んじまえばよかった」。

そう言う人にたいして、どんな言葉がかけられるというのでしょうか。それとも、じっと耳を傾けていればよいのでしょうか。

もし、あなたが「一緒に暮らしてくれ。自分の息子になってくれ。娘になってくれ。伴侶になって、ずっとそばにいてくれ」、そう言われたらどうしますか。手を握りしめられたなら、頬ずりされたならどうしますか。「それができないのなら、立ち去ってくれ。中途半端な気持ちで俺に近づかないでくれ」。わたしがそう言われたなら、黙って立ち去ることしかできないでしょう。「自分にも生活がある」、「そこまで要求されても困る」、そんなことをつぶやきながら。

被災地に通う友人も言っていました。「人にはできることと、できないことがありますから」。そのとおりです。たしかに、溺れている人間を眼の前にしたときに、自分の命を賭して荒れ狂う海に飛び込める人間などほとんどいないのかもしれません。しかし、生きるか死ぬかの瀬戸際で苦しむ人に、そんな理屈は通じないでしょう。「しょせんは他人事なんですよね」。そうした諦念が被災者だけでなく、わたしたち多くの人間の心を覆っているのを、疑いようのないこととして感じるのです。

「人間の心には、もっとわけのわからない、おそろしいものがある」。この言葉を記したのは、おなじ東北地方、青森県出身の作家、太宰治です。敗戦からまもない一九四八年に書かれたこの作品「人間失格」は、戦後社会に希望を見出した人びとにたいする不信感を表明したものでした。

戦争中のファシズム体制に従っておきながら、戦後になって他人事のようにそれを批判する人びと。自分さえ生き延びることができれば、その場を当たり障りなくやり過ごすことができるならば、どんな思想でも流用する。それはたしかに無節操さとして批判されるべきものかもしれません。しかし生き延びるためには、だれもがとらざるをえない態度でもあるのです。あの時代、すべての人間が「人間失格」だったと太宰が問うているように思えてなりません。

わたしの父（義父）は一九四五年四月の名古屋空襲で間一髪のところで一命を取り留めました。名古屋北部の中学校に、疎開先の田舎から毎日通っていました。その日はたまたま友人と学校に残っていて、帰宅が遅れてしまったそうです。夕方、空襲警報が鳴るなか、近くの駅に着くと、駅員さんが、駅は狙われるから学校に引き返しなさいと促してくれました。

そのあたりは軍需工場で有名な地帯でした。駅や工場は、戦時体制の社会機能を麻痺させるために、空襲の格好の標的になっていました。しかたなく父と友人は学校に戻り、防空壕の中に身を潜ませます。何時間にも思えた長い爆弾投下のあと、ふたたび外に出た二人は、北の方の空で被弾した米軍戦闘機が墜落していくのを目にしました。

帰宅するために駅に戻る途中、爆撃された民家の瓦礫の下から、かけつけた先生とともに四人の民間人を救い出しましたが、全員が事切れていました。父がはじめて見た、葬式以外での遺体でした。駅に着くと、さらに凄惨な光景がありました。

焼け爛《ただ》れた遺体があちこちに転がっていたのです。避難するように促してくれた駅員さんを探しましたが、生存している人のなかにその姿はありませんでした。自分の代わりに亡くなったんだなと思うと、言葉にならない感情がこみ上げてきたそうです。

爆撃されて不通になった中央線の線路を二時間かけて歩き、疎開先の田舎へと戻っていくと、その途中の神社にさきほど墜落した米軍戦闘機の残骸が横たわっていました。周辺の住民たちが興奮した面持ちで、「殺せ」と口々に叫んでいました。父はそのときの光景を、今でも鮮明に覚えていると言います。

「飛行機の残骸から消防団の人が引きずり出した若い米兵は『鬼畜米英』とはほど遠い、美しい顔立ちだったよ。『米国でも若者が戦争に駆り出されているんだ』という気の毒な思いを抱くのを禁じることはできなかったよ」。

戦争さえなければ、自分とおなじように学校に行って、社会で元気に働き、結婚して家族をもうけたのでしょう。国の命令で爆弾を落として人を殺し、ついには自分が日本の地でなぶり殺しにされるとは、だれに予想できたでしょうか。あの米国の青年はもう一人の自分だと父は思ったそうです。戦争には敵も味方もいません。鬼畜米英もいません。いるのは皆おなじ血の通った人間だけです。戦争という状況が、自分たちを狂わせたのだと後に考えるようになったと言います。

父の経験からすれば、爆弾を落とした米兵やかれをリンチした住民が人間失格なのではなく、人間そのものが人間失格なのだと感じたのです。他人にたいする絶望感だけならまだよかったのです。そうした否定的感情を抱かざるをえない自分自身、ひいては人間一般にたいする不信感が拭い去りがたいものとして根づいてしまったのです。空襲は多くの人間の身体だけでなく、父の心までも、父が信じていたヒューマニズムまでも吹き飛ばしてしまったのです。

戦後、太陽族のような虚無的な生活に身をやつした父は、「人間失格」と同様に戦争経験からくる、根源的な人間不信、自分自身も含む人間不信を抱え込んで長い戦後を生きることになります。そして社会が復興していくなかで、モーレッツ・サラリーマンとして邁進していくのですが、そうした自分を、あの日の空襲に呆然としているもう一人の自分が眺めている不思議な感覚は消えなかったそうです。

こういった自己嫌悪あるいは自己不信が、わたしたちの心の奥底にもあるのではないでしょうか。太宰は自死した後も、闇のなかから暗い眼差しで、戦後社会を生きてきたわたしたちをじっと見つめているのではないでしょうか。根源的な人間不信、自己不信。同時に止みがたい自己保存の本能。この自家撞着を、いったいどのようにして解きほぐしていけばよいのでしょうか。

広がる被災地の闇

さきほどの大川小学校に通う学生はみずからの戸惑いを言葉にすることで、すこしだけ気持ちが軽くなったようです。しかし、それを見て浮かない顔をしている学生がいました。かの女はおもむろにその理由を話しだしました。

「正直うらやましいです、泣けるなんて。わたしは福島の帰還困難地域から来ました。故郷の街にまだ戻れない人が沢山います。わたしも中学から高校時代にはいくつかの街を転々としていました。その後、大学に合格して仙台に来ました。わたしの街の人たちには表情じたいがないんです」。

かの女の親も街の人もいまだ各地を転々としているとのことでした。うつむきながらも、いささか怒気に充ちた語調でした。教室はふたたび重苦しい空気に呑み込まれました。そうなのです、福島第一原発周辺では、幽霊さえ出没しません。故人を幽霊というかたちでさえ見ることがありません。それは故郷へ戻れる見通しが、現在も立たないからなのです。

三陸海岸部から南下していくと、福島第一原発から二十キロ圏内にある富岡町にたどり着きます。数年前に国道六号が開通した地域でした。ただし放射線量が高いため、四輪車は窓を閉め切ることが条件。歩行者や二輪車は直接外気に触れてしまうため、通行は禁止されています。それでも、それまで寸断されていた常磐線沿いの交通がつながったとして、海岸部の人びとはとても喜びました。

しかし、じきに分かったことは、この道路の復旧は放射能に汚染された土壌やゴミを、仮置き場に指定された原発周辺の地域に運ぶためのものであったということです。「中間貯蔵施設」と呼ばれてはいますが、それが「最終貯蔵場所」という実態を言い換えた名称にほかならないのは、現地に行けばだれにも一目瞭然です。

海岸線までつながる汚染土嚢を積み上げた山は、とても人の住めるような場所ではなく、痩せた野良猫数匹がうろつき、カラスやカモメが空を飛びまわるだけです。それがかの女の嘆く故郷の実情なのです。かれらの故郷は今では、戻れる見込みのない土地となってしまいました。いったい、わたしたちのうちの何人がこの現実を、「知っている」といえるのでしょうか。

震災の引き起こしたこうした被害は、福島第一原発周辺にかぎられたものではありません。いわき市では、帰還困難地域から移り住んだ被災者にたいして、市役所の玄関などに「被災者帰れ」という落書きがされ、問題になりました。それは地元の人の悪意として片づけられる問題ではなく、おなじ福島県内の被災者でありながら、大きな額の保証金の有無がもたらした地域内の経済格差に起因するものでした。「なぜ、働きもしないあの人たちが」といった思いもまた、やむをえないものなのでしょうか。

そうした視線に耐えられないと、被災者が東北を離れてしまう現象もみられます。わたしの故郷の水戸にも、そうした人たちが引っ越してきました。今度は、その人たちを預かった親戚の人たちが音をあげました。「気の毒な人たちだから、出て行けとはいえないけれど、なんであの人たちは働かずにわたしたちの家にいて、わたしたちが働きながら我慢しなければならないのですか」。そう言って、わたしの友人であるマッサージ師のところに通う人もいます。

といって、被災者の人たちが本当にのん気に他人の世話になっていると言いたいわけではありません。かれらもまた、おなじマッサージ師のところに通って、「他人の家にお世話になって、申し訳なくて疲れてしまいます」とこぼします。さらに東京電力の人までがからんできます。「わたしたちはいつでも呼びつけられて、怒声を浴びせかけられます。とても辛いです」。相容れない立場にある人たちの声を一身に聞くマッサージ師は、ときに大変な精神的疲労をきたすそうです。

被害は被災者だけではないのです。その複雑に入り組んだ矛盾は次第に日本社会全体へと広がっていきます。関西では、土地の安価な被差別部落の居住地に、福島から来た人たちが家を建てるのも珍しいことではありません。部落の若い人たちは自分の出自が分かる生まれ故郷から離れます。空き地になったその場所に、従来の経緯を知らない東日本の被災者の人たちが安価という理由で住み始めています。それは被差別部落の人たちとそうでない人たちが交じり合うよい契機にもなっているのでしょう。しかし、一方で今度はかれらが「放射能が伝染《うつ》る。帰れ」と言って、差別されます。同和教育が徹底して施されてきた関西でも、いまだ差別はかたちと相手を変えて、根強く残りつづけています。差別と格差。それは、近代において「わたしたち日本人」というアイデンティティを作り上げるときに、日本人ではないもの、あるいは二級日本人として、だれが日本人なのかを否定的なかたちで支える役割を背負わされた存在なのでした。

このように注意深く観察するならば、東日本大震災は東北地方の海岸部に限られた出来事ではないのは明らかです。それは日本社会の広汎な地域で、あるいは日常の場面で微妙に暗い影を投げかけているのです。しかし、それにもかかわらず、わたしたちはもはや震災が終わった過去であるかのように、震災で苦しんでいる人などもういないかのように、いいえ、そもそも震災など起こらなかったかのように振る舞ってきたのです。

たしかに、それも無理のないことでもあります。現在わたしは京都に住んでいますが、茨城県水戸市生まれです。今も両親が東日本大震災の被害を被った水戸に住み、息子は水戸との往来が容易な仙台に住んでいました。水戸にあるわたしの自宅も大きく損なわれました。ですから、東日本大震災は他人事ではなく、まさに家族の生死を左右する問題でした。しかし、京都の知人たちにとっては、家族や親戚の大半はやはり関西、せいぜい東京までに留まっており、東北で被害を受けた人はまれです。それは一般的な婚姻圏の範囲から来る影響でもあるのです。

そうした人びとに、あなたたちは同情的ではないと責めるのは酷なことです。逆に阪神・淡路大震災のときのことを振り返ってみましょう。わたし自身もふくめ、関東の人たちは関西で起こったこの地震を自身の問題だとは受け止めきれなかったはずです。もちろん、テレビで見た迫りくる火の手に燃やし尽くされる街の光景に、なんて惨酷なことだろうとわたしも涙しました。しかし、だからといって、自腹を切ったり、仕事の休みを取ったりしてまで、現地にボランティアには行きませんでした。正直、水戸から阪神地域はあまりに遠くて、親戚も友人もだれひとりいないその場所の人びとの苦痛をこの身をもって引き受けることができなかったのです。

言い訳に聞こえてしまうかもしれませんが、わたしたち人間は神様ではないことはたしかです。実感のもてないことに、そこまでの関わりを求めることは酷でしょう。だれしも自分の日常生活に追われ、その人なりの忙しさと悩みのなかで生きているのですから。しかし、だからといって、苦しんでいる人びとにたいして無関心でも構わないことにはなりません。問題は実感として日常的な関心をもつことの困難な他人にたいして、一時的な感情に終わることのない、後天的な想像力を働かせる思考と感性を養うことなのではないでしょうか。

「共感」と「同情」

そう、他人の苦痛にたいする想像力は、もともと生まれたときから備わっている能力ではありません。教育や経験を通して、そうした感受性と思考を育んでいくものなのです。国境を超えて横断的に活躍するアメリカ在住の思想家、酒井直樹さんは「共感」と「同情」という言葉のもつ意味の違いを通して、そうした後天的に育まれる感性を次のように説明します。

まず酒井さんは、他人の苦しみや悲しみをそのまま、当事者のままに感じることは不可能だと指摘します。そうした経験の不可能さという事実を前提にして、自分が相手の苦しみをその苦しみのままに共有していると主張する立場を「共感」――生の感情の共有――と名づけ、一方でそうした感情移入が成り立たないがゆえに、自分の経験と響き合わせながら、自分なりに引き受けていく立場を「同情」――同一の経験にはいたらない情という回路の分有――と呼びました。

酒井さんは、感情移入ができない「同情」を薄情だと責めているのではありません。むしろそこから、分かり合った気でいられる仲間にたいしてだけでなく、自分とは異なる状況に置かれた他人にたいする理解も可能になるのだと主張しているのです。

かれのいう「共感」と「同情」は、つぎのような違いとして捉えることができるでしょう。自己肯定と自己憐憫のなかで共感の共同体をつくることと、相手との違いのなかでみずからをさらすこと。「同情」は自分と他者を同一線上で捉えず、断絶のもとに捉えること、自己の不安を他人との同一化で埋めようとするのではなく、まずは自己の内部で引き受けることを意味します。

それができてはじめて、性格や思想を異にする個人と個人との出会いに自分を開くことが可能になります。そのさらし方は、相手に傷つけられるという不安を引き受けてこそ成り立つものです。ここで参考になるのは、東日本大震災の被災者の気持ちです。たとえば宮城県石巻市のお坊さんは、被災者の方たちに向き合うときの気持ちの置き方について、つぎのように語っています。

私は友達とか親戚とか死んじゃったけど、家族は誰も死んでいない。だからあなたの気持ちは全然わからん、苦しいなかで私の苦しみは全然浅い所にある。どんなに手を伸ばそうとも俺の手はあなたの深い所に絶対届かない。これはほんとに自分の告白。かっこつけてさ、坊さんみたいにしてんのいっぱいいいたよ。だけど本来であればこうでしょ。僕は遺族じゃないけども、できるのは君がそういう風にして必ず会うための生き方のお手伝いを祈りという形でやるだけだから（金菱清（ゼミナール）編『3・11霊性に抱かれて』）

こうした無力感は、東北や熊本などの被災地を訪れたときにしばしば味わうことです。大切な家族や帰るべき家をなくした苦しみはやはり当事者にしか分かりません。どれほど言葉を尽くしても、そばにいても、自分の家族も家も失くしていない非当事者にはその苦しみを、当人とおなじように理解することはできないのです。酒井さんは、その痛みの共有が不可能であるにもかかわらず、自分にはあなたの苦しみが分かるという態度を「共感」と呼びました。かれはそれを不誠実な態度として批判したのです。「仲間」であるというのは一見よいように思えますが、それが幻想である以上、自分と相手が似ているというのは思い込みにすぎません。じつは他人が可哀相なのではなく、可哀相なのは自分自身なのです。自己憐憫が共感の感情の正体なのです。

こうした自己にむかって心のエネルギーが内向する態度を精神分析の始祖ジークムント・フロイトは「ナルシシズム」、自己愛と呼びました。心的エネルギーは内にむかうものと外にむかうものがあり、外にむかえば恋愛のようなかたちをとりますが、内にむかえば自己肯定というかたちをとることになります。

適度な自己肯定は他人と共存するうえでも欠かせないものです。しかし、過度な恋愛感情がストーカー行為に発展する恐れがあるように、過度な自己肯定もまたひきこもりといった、社会的適応性を阻害するものになりかねません。「リビドー」と呼ばれるみずからのエロス的欲望については、心的エネルギーの内向と外向のはざまでバランスを保つことが大切になります。その意味で、過度のナルシシズムとは極端に内向した自己愛が引き起こした没社会的な態度として捉えることができるでしょう。それは不条理な社会と接して傷つくことがないように、自己の世界にひきこもり、社会から自分を守る自衛策ともいえます。

この観点に立てば、共感とは自分が可哀相だから、おなじような境遇にある他人に思いを寄せているのにすぎません。「共感」と呼ばれる思い込みの関係を一方的に他人に拡大し、その境界線のむこうにはみ出てしまう人にたいしては、あなたは仲間ではないと平気で冷淡に接する態度。そうした仲間優先の排他的な物の見方が、自民族や自国民を優先する現代のナショナリズムの考え方なのです。

しかし、国民という境界線ほど曖昧で流動的なものはありません。日本人がだれかという定義は、歴史的変遷のなかで偶然の要素を含んで生じてきたものであるがゆえに、そこに含み込まれるメンバーの内実を容易に変質させてしまいます。だからこそ、生粋の「日本人」になるために、「日本人」ではない人びと、あるいは「二級国民」と呼ばれる「日本人」になりきれない人びとをたえず作り出し、かれらを差別する必要が生じるのです。しかも、差別は連鎖するものです。被差別部落では、差別に苦しむ部落の人びとが在日韓国人を差別する話は珍しくないと聞いたことがあります。

ある被差別部落では、同じ被差別部落のなかでも、とくに貧しい地域の人たちを、自分たち差別された人間よりもさらに下位にある存在だとして、旧植民地や第三世界の国や地域の名前をつけて差別していたそうです。

「差別をなくそうと思って闘ってきたけれど、自分たちの内なる差別はそう簡単には消えないね」。

部落の運動の中心をになう友人は、自戒をこめてこのようにつぶやきました。仲間にたいする思い入れが、仲間とみなされなかった人たちへの差別の感情を生み出すのです。それを酒井さんは、「共感」として批判しているのです。世の中には、自分の仲間さえよければ、そのほかの人たちがどうなったって構わないという人は、けっしてまれではないのですから。

そこで問題となるのは、「自分たち」とみなされた人たちと同時に、「自分たち」とみなされない人たちが生み落とされる感情のシステムです。とくに、問題に感じるのはいじめをしている加害者ではなく、それを黙認している傍観者たちです。ハラスメントを知っていながらも、自分もまた被害者側に回ることを恐れ、何事もなかったように沈黙を決め込んでしまったかれらのことです。

どれほどこうした人たちが自分の所属する職場にたいして温和な人間であるにせよ、むしろその妥協的な性質ゆえに、他者との葛藤を抱え込んでまでは、社会の不正やゆがみにたいする根源的な批判をおこなおうとはしないものです。おなじ共同体に属する仲間を思いやることができるのは、ごく当たり前のことでしょう。そこに、ナショナリズムとおなじ、自分を肯定してくれる仲間だけを大切にする「共感」的な閉じた態度を見ることができます。そうした閉じた集団を酒井さんは「恥知らず」の共同体と呼びました。

それは、ユダヤ人虐殺の作業を黙々と進めていったナチスの将校、アイヒマンの人柄を「悪の凡庸さ」と、ユダヤ人の政治哲学者ハンナ・アーレントが呼んだこととおなじたぐいのものでしょう。憎むべき凶悪な犯罪はいかにも凶悪な生来の犯罪者によってなされるとはかぎりません。むしろ小心翼々とした小市民のほうが、そうすることで自分の保身が可能になるのなら、その責任がみずからに負わされないかぎりにおいて、簡単におこなってしまうものなのです。

殺人を殺人とも思わない悪の感性は、思考を放棄したところから来るとアーレントは考えました。マジョリティの仲間であるためには、たしかに思考を放棄して、その組織の部品になってしまったほうが楽なことが多いのは事実でしょう。状況次第で、人間は天使にも悪魔にもなります。なにも考えずに母集団に従えばよいという点では、天使になっても悪魔になっても、凡庸な悪に染まった者にはおなじ行動にすぎないのです。

その意味で、「悪の凡庸さ」とは「善の凡庸さ」と表裏一体をなすものです。問われるべきことは、その共同体と意見の異なる人間にたいして、あるいは共同体の外部にたいして、公平さを欠くことのない開かれた議論をする姿勢があるかどうかなのです。

超越論的批判

それにたいして、思想家の柄谷行人さんはこうした自己批判的な姿勢を、現象学者であるフッサールをふまえつつ、「超越論的」態度と呼び表しました。それは自分自身の認識が自分の所属する共同体や社会のルールを自明視する無自覚さから生じた不完全なものであるという、自己批判をおこなう姿勢です。不完全なことは悪いことではありません。むしろ、可能性を押し広げるものになりうるのです。不完全であるからこそ、その不完全性にたいして自覚的な態度を取りうる柔軟で自己批判的な姿勢をとれるからです。

残念なことですが、当事者でない者が被災者とともにずっと泣いていたり、苦しみつづけたりすることはできません。かれらにも戻るべき日常が別にあるからです。当事者でもないのに、子どもを失くした被災者に「あなたの苦しみが分かる」というのは、その場しのぎの言葉でしかないでしょう。しかし、第三者の立場だからこそ、当事者には分かりにくい状況を俯瞰するための全体的な視点を提示する。そうした全体性の提示こそ、第三者ならではの役割だとわたしは考えます。

被災地に通うなかで、わたしもなん度もこう諭されました。「学者なら学者にしかできないことで、わたしたちを支えてください。あなたの言葉の表現力でわたしたちになにが起こったのかを教えてください」。圧倒的な不条理に苦しむ人びとを目の当たりにして戸惑うばかりであったわたしは、この言葉に勇気を得ました。「わたし」は「あなた」ではないから、「あなた」は「わたし」ではないから、だからこそ分かり合うことが困難なのですが、同時にだからこそおたがいの欠けた部分を補い合うことも可能になるのではないでしょうか。

「わたしたちの出会いはつねに誤解と幻想からはじまるのではないでしょうか。でもかならずしも失望する必要はないのです。それでも生き残った関係というものは、たがいの理解にむけて発展していく可能性をはらんだものなのです」。

このように外国籍の友人はわたしに言いました。かの女は日本で日本人の夫と暮らして、異文化理解に苦労しています。思い込みゆえに、たがいに惹かれ合う。それは自分勝手な幻想の投影なのかもしれませんが、それこそがきっかけとなって、その人と一緒に話したい、かけがえのない時間を過ごしたいと思うのではないでしょうか。

幻想が縁となって、少しずつたがいを受け容れていく。それが生き延びていく関係としてふさわしいものなのではないでしょうか。「信頼」とは、そうした関係のなかで少しずつ確かなものとして育まれるものなのでしょう。

それは有限の存在である人間が、目では見ることのできない無限の神を信じるような、裏切られることをも、傷つくことをも覚悟した行為なのかもしれません。相手を思うあまりに、結果として相手を傷つけたり、自分が傷ついたりするのは、避けることのできない人間の性《さが》というものでしょう。しかしだからこそ、固着化したアイデンティティは、予測困難な他人との交わりのなかで流動的な個性へと、その存在のあり方を変えていく可能性もはらむものなのではないでしょうか。

言うまでもなく、「同情」という、自分との同一性を前提としない相手の理解は、言うは易く、行うは難しです。自分の思い込みがだんだん砕かれていくのですから。自己憐憫に染まっていない、他者理解というものはとても難しい。正直わたしもそう思います。「苦しんでいる相手を理解しましょう」、そうした口あたりのよい言葉もたしかに正論でしょう。しかし、実際に差別やいさかいがこの世からなくならないように、自身の感情に訴えることのない言葉は上滑りするだけなのではないでしょうか。

こうした自己満足的な姿勢を乗り越えていかないかぎり、絶望に打ち震える社会の底辺の人びとの心に希望の光を灯すことは難しいように思えるのです。

「否認」の共同体

被災地ではいまだ無人の海辺で幽霊がたたずんでいるといった話が絶えません。幽霊など幻覚だという声も一部の学者から発せられています。しかし、そう思いたいのは、やせ細った理性にすがりつく学者の無力感ゆえではないのでしょうか。東日本大震災でも、阪神・淡路大震災でも、こうした学者のみならず、当事者をのぞく、日本社会に住む大多数の人間に起きたのは、フロイトが「否認」と呼んだ症状でした。

「否認」とは、今日の現象で言えば「ひきこもり」のように、現実を拒否する態度を指すものです。肉親の不条理な死、あるいは自分の身に起こった不幸な出来事。そうした当人にとって受け容れがたい出来事はあまりの辛さゆえに、実際に起こったことを当人が認められなくなってしまう場合があります。

その結果、本人は意識のうえでは、なにひとつ不具合がないかのように日常生活を送れるようになります。しかし、その一方で、身体が思うようにならない現象が、自分の意識に逆らって起きてしまうことになります。そう、意識のうえでは出来事を払拭しようとしても、身体のほうに直接に症状としてその影響が現れてしまいます。身体の特定の場所が原因不明の痛みに襲われる。麻痺して動かなくなる、などの症状が現れるのです。

研究者もまた東北の被災地に赴くと圧倒的な無力感に襲われます。短期滞在しただけでも、うつ病などを発症する例も少なくありません。まして現地に大学教員として赴任するとなると、それとは比べようがないほど大変な精神状態に追い込まれてしまいます。とくに震災が一段落したあとの赴任となると、一番大変な時期に自分は現地に居合わせなかった、何も役に立たなかったという罪悪感にとらわれるといいます。

しかし、研究者本人は自分の精神をどうにかコントロールすることができます。実際には過剰に被災した方たちに気を遣うとか、逆に震災なんて自分にはなんの影響も及ぼさないのだといった極端な態度をとることで、かろうじて精神の平静を装うことができるのです。

ですが、その家族となると状況はまったく別です。精神的にか弱い子どもや、地域から孤立しがちな老人、逆に地域にどっぷり埋もれがちな主婦など社会的な地位や仕事で自分を守ることのできない弱い立場の者は、その地域の精神的な動揺にそのままさらされることになります。かれらの精神的動揺や苦しみは、社会や家族の否認が生み出した症状なのです。社会的な立場に依拠できる大人は自分たち自身の問題に向き合う勇気がもてず、こうした弱い立場の者に無意識のうちに苦しみを押し付けているといった事態が生じています。

いまだ津波は被災者だけでなく、善意で被災地にかかわろうとする学者や宗教者あるいはボランティアたちを呑み込んでいきます。かれらを無力感に立ち尽くさせるのです。そして、いちばん弱い人たちが、子どもたちが、障害者たちが、何よりも被災者が、そんな無力感に立ち尽くす大人あるいは社会のゆがみを一身に背負わされてしまうのです。それが、「否認」のもたらす「症状」の現れ方なのです。

みなさんは「主体」という言葉をご存知でしょうか。主体とは、物を考えたり感じたり、行動するひとつのまとまった単位を指します。ただ、その単位は個人とはかぎりません。家族や職場、さらには国家や民族など、さまざまです。今では普通に使われるアイデンティティという言葉は、なにものかと同一化することで、「自己」という自意識を確立することを意味します。つまり、主体を形成する「主体化過程」とは、家族や国家といった他者と一体化することで、自分の正体がだれなのかを明示できるようにする行為なのです。

そうした他者との一体化を推し進めることで、主体はみずからを堅固な存在に成長させていきます。わたしも集団の一員として必要とされているし、かれらに保護されている。こうした明確なアイデンティティ意識がもてる人間にとっては、母集団との一体性は疑いようのないものです。小・中学校の例をもちいるならば、みんなに尊敬される成績優秀な学級委員のようなものです。しかし、クラスの生徒に序列がつくのが避けがたい以上、そこには劣等生もまた出現します。成績不良だけならまだよいのですが、ひきこもりをする生徒、陰湿ないじめをする生徒など、クラス運営をする教師には思うようにならない生徒たちが必ずいます。

主体が形成されるさいには、ときに過剰適応になるような中心が生まれると同時に、そこに適応できない周辺あるいはそこから排除された外部もまた生まれるものなのです。そのうち弱い部分に病気は固着化し、それ以外の本体は健康体をよそおいます。しかし、中心と周辺、健常者と不適応者はおなじ構造から生み出されるものなのです。それにもかかわらず、一方だけに病気や異常を押し付けるとき、「否認」という症状が現れるのです。そうです。否認は個人だけでなく、集団の次元でも起きるものなのです。

犠牲のシステム

「否認」の構造が明らかにしているのは、弱い部分に背負わせた病気はその主体全体の症状を示すためのものだということです。それを全体から切り離して、主体の一部分のみに特定するがゆえに、その部分が病むのです。そうした一部の弱者に病を押し付けるシステムが、今回の震災でも明らかにされました。哲学者の高橋哲哉さんは、原発を押し付けられて苦しむ福島の例を、基地を押し付けられて苦しむ沖縄と重ねあわせて、「犠牲のシステム」という名のもとに戦後日本社会の自己欺瞞を批判しました。

高橋さんによれば、犠牲になった者たちの存在は、日常においては社会の前面には現れず、苦しむその姿はわたしたちの目から覆い隠されています。それどころか、犠牲者にたいして社会は、さきの戦争で死んだ兵士たちが国家の英霊として祀られたように、社会の成員の意識のみならず、犠牲者の自意識にまでふみこんで、みずからを「尊い犠牲」として美化することを要求するのです。みずからが悲惨な犠牲者であることが自覚できず、犠牲になっていることを幸福の証だと考えざるをえないところまで当事者を追い込むことほど惨酷なことはありません。

原発による地方から都会への電源供給。便利さは都会に、危険は地方に。その代償として、地方の人びとには働く場を与えてきたといえば聞こえはよいのですが、その職場なしでは地域経済や家族生活が成り立たなくなるような経済的な依存度を徹底して強める結果になりました。

比べようもないほどの地方と都会の格差。大都会が享受する経済システムのなかに地方を組み込んで、徹底して搾取する仕組みが出現しました。それをフランス文学者の西川長夫さんにならって、「内国植民地」状態と呼ぶことができるでしょう。

おなじ日本の国民であるにもかかわらず、国民同士に圧倒的な格差が存在していて、その搾取関係を不可欠の前提にしてこそ、自分たちは平等な日本社会に暮らしているという幻想も成り立つからくりなのです。それがまさに現代の「グローバル資本主義」と呼ばれる経済システムの正体なのです。

深夜まで開いている、品揃えのよいコンビニエンス・ストアの増加によってわたしたちの生活は便利になったように見えますが、その一方で、競争に負けた個人商店はどんどん閉鎖に追い込まれ、地域社会にはシャッター通りが増えました。では、コンビニで働いている人は豊かになったかというと、現場は店長さん一人と複数のパートやアルバイトの店員からなり、安い給与で四六時中働かされるか、生活が不安定なままに酷使されます。けっしてかれらは経済的に豊かな条件下に働いているとはいえません。

違法に近い安価な労働力で世界中の人びとをたえず補充できるからこそ、グローバル資本主義は肥大化し続けられるのです。しかも、均質化されたその内部の空間は平等な世界ではなく、徹底した搾取による格差社会を内実とするものなのです。

結局のところ、地域に根ざした職場を失った者たちは、グローバル資本の企業によって安価な労働力として搾取される以外に選択肢がなくなります。その典型が原発企業であり、米軍基地にまつわる産業であることは言うまでもありません。そうした格差に支えられた社会を、平等で幸福な社会と考える人たちがいるとすれば、それは自分たちが無意識のうちに搾取をする恵まれた側に属しているからです。だから、他人の痛みに無自覚でいられるのです。

こうした状況を指摘しているわたしにしても、おなじことです。このような批判的発言ができるのも、わたしが発言をしても自分の立場が脅かされない安全な立場にいるからです。インド出身の批評家、ガヤトリ・スピヴァクさんが、かつて「サバルタンは語ることができるのか」という問いを発したように、弱い立場の人たちはだれかに従属する状況に置かれていますから、自分の思いを発言すること自体がきわめて困難なのです。さらに言うならば、自分が困難な状況にあると自覚することさえ困難な状況にあるといえるでしょう。

だとすれば、こうした批判をするわたしたちが、不公平な社会現象を是正するために発言するには、自分の立場の否定という契機をそこに含めなければその発言は成り立たないことになるでしょう。

奴隷は夢想することを好む。なぜならば、自分が奴隷だという現実に耐えられないからだ。

そう指摘したのは、列強の侵略に苦しんだ時代の中国人文学者、魯迅《ろじん》でした。それは中国のみならず、戦後の日本社会にもあてはまる事態です。現実が変革困難なとき、人間は現実には何も起こっていないかのように、現実の状況そのものを認めることを拒否します。奴隷が自分が奴隷であることを自覚したときに、生きる希望は潰えます。自分が他人の意のままに従う奴隷である以外に、選択肢がないことがはっきりしてしまうからです。

だから奴隷は自分が奴隷ではない、あるいは少なくとも隣の家の奴隷と奴隷主よりも自分と自分の主の間には人間的な感情がかよいあっているのだと思い込みたがるといいます。それは、家庭内暴力にさらされた被害者が、相手は駄目な自分を思って叱ってくれていると信じたがることと似ています。理性だけでなく、感性や感情もまた過酷な状況のなかでは、否認の論理と矛盾しないようにたやすく捻じ曲げられてしまうものなのです。

そして、奴隷主や家庭内暴力の加害者たちもまた、そうした愛情関係に支えられて自分は相手を教え導いているのだと思い込みたがる場合も少なくないと聞きます。そこにもまた、加害者と被害者がともに、じつは圧倒的な格差がありながらも、共同幻想に包み込まれているという心的な現実があるのです。

主体化なき主体

精神分析ではそれを「否認の共同体」と名づけています。「否認があるところには、『否認されているものについて何も知りたくないという共通の関心で封印された』共同体……が存在している」と立《つい》木《き》康介さんが説明するように、こうした共犯関係もまた、フロイトのいう現実の否認のうえに成り立つ病であることをはっきりと指摘しておく必要があるでしょう。

そして、こうした否認の共同体に組み込まれてしまった個人は、実際には個人としての主体を形成できない状態に置かれているといいます。それを立木さんは「主体化なき主体」あるいは「主体ならざる主体」と名づけています。否認の共同体に呑み込まれたままでいると、自分自身を取り巻く現実の矛盾を放置したままでいられるため、行為主体たる個人としての責任を追及されることがありません。

現実は矛盾に満ちているため自分も苦痛を被ってはいるのですが、それでもあなたの責任ではないと共犯関係を築いてくれるパートナーがいるかぎり、現実を拒否したつもりでいられるわけです。立木さんはそうした現実否認の根源には、幼児的な万能感を手放したくないという未熟な感情が横たわっていると考えます。いつまでも自分が世界の王者でありたい、母親に駄々をこねればなんでも叶えることのできる存在でありたいという万能感を克服できないために、ついには現実の存在そのものを、世界が存在することそのものを否認してしまうのでしょう。

その典型的な例が、個人においてはひきこもりですが、日本社会という単位で考えるならば、東日本大震災をなかったもののように振る舞う現在の日本社会の状態こそ、この「主体化なき主体」を体現したものといえないでしょうか。

「この災害でもう苦しんでいる人はいなくなった。私たちの社会は今もなんの問題もなく繁栄している」。そう思い込みたい人は、被災地に住んでいない人たちのなかにはたくさんいるでしょう。しかも、こうした感情をもつ人は、被災地にさえたくさんいると聞いています。故郷から離れた人。そこに戻った人。あるいはずっとそこに住んでいる人。少なくとも自分の生活が新たなスタートを切れたなら、あるいは元に戻れたのならば、もういいじゃないかという人たちが出てきても無理はありません。

そうしたときに、取り残された人たちの存在、そして東日本大震災という出来事は、認めたくない否認すべき現実になってしまうのです。東京オリンピックに沸き立つ日本社会は、もう忘れたいのです。なにもなかった。あるいはすでに克服したのだ、と。

原発が再稼動した今もまた、自分の地域だけは大丈夫なのだ、あれは福島第一原発という特殊で不完全な状況下に起きたことなのだ、なにも問題なく操作できれば、二度とトラブルが起きるはずはない、と思い込もうとしているのです。

しかし同時に、そんな安全を保障してくれる根拠など、どこにも存在していないこともまた、わたしたちはだれでも無意識裡には知っているのです。復興に取り残された人たちを置き去りにしている罪悪感、同様の困難が自分に起こるかもしれない不安。わたしたちは分かりながらも、目を背けているのにすぎません。

震災直後に、原発問題に苦しむ福島を「死の街」と形容した大臣がいたのを覚えているでしょうか。マスコミはいっせいにその大臣を「けしからん」と叩き、辞職に追い込みました。まるで世論を代弁する正義であるかのような振る舞いでした。でも、それは本当に正しいおこないだったのでしょうか。

たしかに、その発言が軽率なものであったことは否めないかもしれません。しかし、現地の市長が「よく言ってくれた」とその発言を支持したことまで知っている人は少ないと思うのです。

市長からすれば、人のいない死の街になってしまったのは否定しようのない事実なのです。むしろ問われるべきは、その事実を認めたうえで、このような街にしてしまったのはだれなのか、そしてそこからどのように立ち直っていくべきかなのだと言いたかったのです。それは、絶望的な現状を認めたときにこそ、現実に希望の灯火をつけることができるからです。

「死の街という発言はけしからん」。こうした発言は、一見、人道的立場に立った見解にみえます。しかし、現実に起きている状況がいかに無惨なものであるのかを、外部の人たちに知らせない点で、やはり否認的態度にほかなりません。

安易にヒューマニスティクな発言をする者の多くは非当事者であり、自分が責任を取らなくてよい、そこで生きていかなくてよい気楽な立場にあります。だから外部の者は正義を代弁するふりをして、実際には自分に不利益がもたらされないよう現実を隠蔽することもおこなうのでしょう。それでも当事者たちは、その建前としての人道主義的な発言をまえに、たんなる沈黙どころか、感謝の気持ちの表現まで強いられます。それが高橋哲哉さんの言う「犠牲のシステム」ですね。

そこには現在の日本社会における主体の位置をめぐる混乱と欺瞞が見られます。被害者たちは二重のかたちで、語ることのできない立場へと追い込まれているのです。事実を明らかにする任務があるマスメディアが、率先してそうした現実の隠蔽をおこない、しかもみずからをヒューマニストであるかのような立場におく自己陶酔的態度。そこに、現在の日本社会における「否認」と「ナルシシズム」の密接な関係を見てとることができるのではないでしょうか。

損なわれた生命

この章の冒頭で紹介した東日本大震災をめぐる東京の学会の場面に戻りましょう。パネル討論を終え、わたしが教室を出ると、広場では旧交を温めあう学者たちが、なにごともなかったかのように楽しそうに談笑していました。そのとき、自分もまた魂を失ってさまよう幽霊であるような錯覚を覚えました。学会の会場そのものが深い青い海の底に沈んでいるように見えたのです。

教室では熱心に討論しても、その時間が終われば、他人事になってしまうその感覚。かれらもまた過酷な現実のまえに「否認」の態度をとるほかない無力さを感じているように思えました。表面はなにも変わっていないように装っていても、現在の日本社会は危機的な状況にあるのです。あの日の津波はいまだ社会全体を呑み込んだままなのです。

実のところ、「あの津波」とは、東日本大震災だけではないのです。昭和以降にかぎっても、大津波はなんども日本にやってきました。人の心を覆い尽くし、無力感に立ちすくませる肉体と精神の両面におよぶ猛威。それが津波です。

一九九五年の阪神・淡路大震災のあとに起きた自然災害だけでも、二〇〇四年の新潟県中越地震、二〇〇八年の岩手・宮城内陸地震、二〇一一年の紀伊半島豪雨、二〇一二年の九州北部豪雨、二〇一四年の広島市土砂災害や御嶽山噴火、二〇一六年の熊本地震……、枚挙にいとまがありません。福島第一原発と同様に、人間が作り出した人災もまた水俣・新潟・四日市の公害病など、数え切れません。

さらに長崎・広島の原爆をはじめとする数多の本土空襲。そしてレイテ島やルソン島、サイパンなど、海外の戦地でのおびただしい数の玉砕。日本人であるかどうかにかかわりなく、そこで失われた多くの人びとの命。従軍慰安婦たちの被った筆舌につくしがたい苦痛。闇に葬り去られた、かつての大日本帝国の記憶。失われたかけがえのない無数の人生。

わたしの生まれ故郷、水戸でも一九四五年八月一日深夜のアメリカ軍による空襲では多くの人が亡くなりました。わたしの母は、ひとつ違いの姉を失いました。小学生でした。六人姉妹のひとりが欠けたわけです。

わたしの祖父にあたる父親はすでに六月にフィリピンで戦死していたものの、当時はいまだその生死が家族には伝えられていませんでした。今やかの女たちの母親、つまりわたしの祖母もこの世を去り、自身が人生の晩年に達した母たち姉妹は、本当ならば今ここに一緒にいるはずの姉妹にしばしば思いを寄せるようです。あの晩に亡くなったのがかの女でなく、自分たちであったとしても不思議はないのですから。かの女たちはよく知っているのです、生死の分かれ目は偶然の一瞬の産物にすぎないことを。

戦後七十年の特集がメディアで続いた二〇一五年の夏、母は地元の新聞社の取材で、水戸空襲のときの自分の記憶をまとまったかたちで、はじめて語りだしました。

空襲が始まったのは八月一日の夜半のことだったそうです。六人の幼子を抱えた祖母は、空から降り落ちる数多の焼夷弾で逃げ場を失い、近くの川のなかに身を潜めました。六人の子どもを一本の紐でつなぎ、その紐の一方を川岸の樹に巻きつけ、ひとりひとりが順番にその紐をつかんで、首まで水につかり、その上から水に浸した布団を焼夷弾の炎をよけるためにかぶったそうです。

爆音と人びとの叫び声で阿鼻叫喚の地獄絵図のようだったはずですが、母には一切の音が聞こえなかったといいます。音もなにも無い、時間の止まった静謐な空間だったといいます。

「真っ黒な空から降ってくる焼夷弾。真っ赤に燃え上がる川。

ただただ怖くて、『神さま神さま』とつぶやいていた。

翌日の、自宅の焼け跡に転がっていた、空襲で黒こげになったカボチャとお釜。昨日のことのように覚えているよ」。

こうしたイメージの破片を拾い上げながら、母は当時の記憶の糸を手繰り寄せていきました。その話をそばで聞いていたわたしの目の前にも、あたり一面焼け野原の光景が広がりました。地獄絵図のようでした。

どうやって自分が川のなかから岸に引き上げてきたのかも覚えていないそうです。いいえ、思い出したくないのかもしれません。六人姉妹のうち、母のすぐ上の姉の姿がそこになかったからです。祖母はなりふりかまわず、その子を探そうとしましたが、生まれたばかりの乳飲み子が爆弾の炎でひどく火傷したこともあり、捜索は祖母の姉妹にゆだねられたそうです。

そして、二時間くらい話したところだったでしょうか。母の記憶が、突然、暗礁に乗り上げたのです。数週間行方不明だった姉の遺体を確認にいった祖母が、その死を自分たち姉妹に告げた瞬間の記憶が口に出せないのです。いく度か記者に尋ねられたのですが、母はずっと沈黙していました。

母より七つ年上の長姉は、防空壕で見つかった遺体から叔母が遺髪と服の一部を切り取って持ってきてくれたことを記憶しているといいます。そして、亡くなった娘に会いにいった祖母が帰ってきたときの表情は、七十年経った今も忘れられないほど悲しいものだったと覚えているそうです。

しかし、母の記憶はそこでスポッと抜け落ちています。親しかった姉の死はいまも受け容れられないものなのでしょう。最後までそのことに関する言葉が母の口から出ることはありませんでした。幼い子どもにとって、さほど年齢の違わぬ姉の死は重すぎる出来事であったことは容易に推察されます。

亡くなった姉と母は一歳しか違わない年子でした。祖母から聞いた話では、性格も大人しく、男の子どもが欲しかった父親に、「女々しいぞ」といつも二人で叱られていたそうです。男勝りのほかの姉妹に比べて、父親の愛情のうすかった母たち二人は自然と精神的な絆が強くなっていたようです。

わたしは思います。おそらく、一心同体であった姉の命が不条理な死で潰えたとき、母の心の一部も姉とともに失われてしまったのだろう、と。こんな不条理な世の中なら、死んでしまったほうがよいと、幼心の無意識のうちに思ってしまったのかもしれません。母が養女に出されたのは、それから数年後のことでした。父親が戦死して、女手ひとつで五人の子を育てることは、戦後の混乱のなかでは不可能でした。姉は亡くなり、母は家を出されたのです。母には受け容れがたい人生の不条理でした。

だから、空襲の出来事はトラウマとなって、かの女の記憶の奥底に封印されたままなのでしょう。そのときの思いを自分の言葉で語れる日が来るまで、戦後七十年を過ぎた今も母にとってあの戦争は終わっていないのです。母は終戦の日前後によくテレビで放映される、野坂昭如《あきゆき》の原作によるアニメーション映画『火垂《ほた》るの墓』（原作一九六七年、映画公開一九八八年）を、繰り返し見つづけています。

『火垂るの墓』

この映画は、自分たちを保護してくれる両親を戦争で失い、力尽きて餓死していく幼い兄妹の物語です。母がこの映画を繰り返し見るのは、そこに幼くして亡くなった姉の姿を見ているからのような気がします。あるいは、あの日、姉と一緒に心が失われた自分の姿も重ねて見ているのでしょうか。そもそも、かの女の戦争は一九四五年の八月十五日で本当に終止符が打たれたのでしょうか。

言うまでもなく、こうした忘却の穴は社会のいたるところに穿《うが》たれています。わたしの母の場合にかぎられたことではありません。たとえば、壊滅的な敗北後もルソン島で生きながらえ、六月末に戦死したと伝えられる母の父親。しかし、その最期の様子を伝えてくれる証人は当時さえひとりもいませんでした。

妻である私の祖母も随分いろいろな人のもとを訪ねて、その最期の様子を聞こうとしたようですが、とうとう何も分かりませんでした。手元には石ころの一つ入った骨壺だけが残されたのです。どれほど耳を澄ましても聴こえてこない死者の声というものも確かにあるのです。

　東日本大震災でも、宮城や岩手の被災地には幽霊の目撃談がいくつも報告されています。しかし、福島第一原発周辺の地域では、やはりその幽霊譚さえ聞かれません。故郷に戻れる目処が立たない以上、故人が幽霊として想起されることさえ困難なのは当然でしょう。

　広島でも原爆で亡くなった人たちの幽霊譚は存在しなかったことが指摘されています。おなじような印象を、アウシュヴィッツのガス室と焼却炉で受けました。動物あるいは無機物のように殺人の罪悪感も憎しみもなく機械的に殺されたかれらは、人間として殺されたのではありませんでした。自分たちが殺されることも知らないままガス室に送られた人間は、無念の思いやうらみを抱く機会も与えられず亡くなっていったのです。そして、かれらを殺した人びとも自分たちが人間を殺したとは思っていませんでした。

　アウシュヴィッツにはかれらの無念の気持ちも漂っていませんでした。コンクリートの打ちっぱなしの部屋は、ただゴミを燃やすように人間を燃やしていた場所でした。アーレントが「悪の凡庸さ」と名づけたアイヒマンのように、相手を人間だと思わなければ虫けらを殺すように、罪悪感を伴わないで人間を殺すことができます。人種差別とは、相手を「非人間化」することで発生する、それ自体が非人間的な感情なのです。

　ざわめく声そのものが途絶えてしまった死者たちは無数に存在しているのです。それにわたしたちが気づいていないだけなのではないでしょうか。

　現在、盛んに唱えられている戦後の日本社会の見直しもまた、こうした記憶から零れ落ちた死者の存在や出来事に想いを寄せなければ難渋を極めることになるでしょう。福島や広島がけっして被災地として特別なのではありません。わたしたちの言葉を喪失させるような津波は、戦争中も、そして戦後にも、何度も繰り返しわたしたちを襲い続けてきたのです。ただ、わたしたちの意識では受け止め難いために、それらの出来事や死者たちは記憶から零れ落ちたままになってしまったのです。

死者だけではありません。父親を戦争で失ったわたしの母の家庭では、生活が困窮したため、母が戦後ほどなくかの女の叔母の嫁ぎ先の料亭に養女としてあずけられます。そこの仕事がつらくて、母は一度実家に戻ったことがあるそうです。

「ここはもうあんたの家じゃない。自分の家に帰りなさい」。

祖母は玄関に鍵をかけて、けっして家に入れなかったそうです。祖母も悲しくてとてもつらかったといいます。一度戻ると甘えができて、向こうの家で暮らす覚悟がにぶるからだそうです。母はこのときの経験を一度も口にしたことはありません。戦争での大好きな姉の死、そして望まないかたちでの実家からの引き離し。あの戦争の余波は戦後まで続き、そうした出来事が自分の心を傷つけたことさえ認められないくらいに、母の心を壊してしまったのではないかとわたしは案じています。そんな心を抱えて、終戦直後の貧しい時期、そして戦後の復興期を生きてきたのでしょう。

母がどれほど辛酸を舐めたのかは、正直なところ、息子であるわたしにも想像がつきません。母はその心境についてはけっして語りませんでした。しかし、こうしたかつての自分との決別はみずからの弱さの切り捨てであって、和解ではなかったのだとわたしは感じています。

弱い自分を切り捨てたことで、自分の心のなかに大きな傷が生じ、親から捨てられたと思っていたことに加えて、自分自身さえ、おのれを見捨てなければならなかったやりきれなさを抱え込むようになった気がしてならないのです。幼い頃、わたしは勉強も運動もできない子どもでした。そんなわたしに母はつねに苛立ちを覚えていたようです。今から思えば、息子の愚鈍な姿に幼い頃の自分の姿を見出したのかもしれません。

母の姉や父、そして母自身の失われた心。そうして喪われていった人間の生命やそれに伴う苦痛に、それが回復困難なものだからこそ、そこに思いを馳せる必要があるのではないでしょうか。かれらこそ、戦後日本社会の「症状」なのですから。この症状に向き合うことでこそ、わたしたちはみずからの病を克服し、失われた言葉を再獲得できるようになるのです。しかし、戦後の社会はそうした弱さや悲しさにきちんと向き合ってこなかったのではないでしょうか。

だからこそ、この地点から戦後の日本社会を再考する試みを本書で始めたわけです。太宰の言葉を借りれば、そこに「人間失格」ではなく、人間の信頼の絆の回復を、社会全体として試みる必要があるからです。

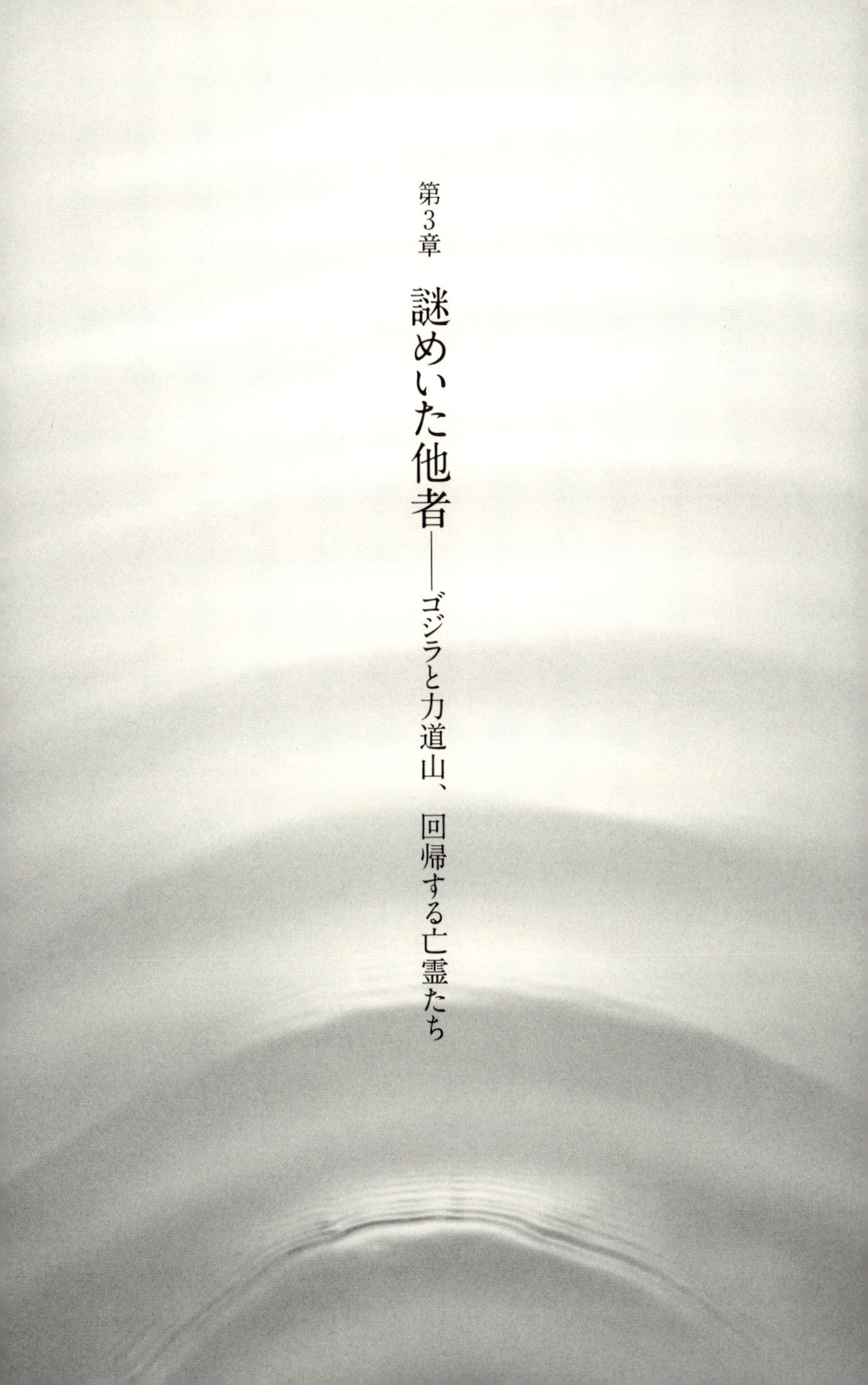

第3章

謎めいた他者——ゴジラと力道山、回帰する亡霊たち

失われた言葉はどうやって回復したらよいのでしょうか。なによりさきに、安易な共感を絆とした否認の共同体から抜け出す必要があるのではないでしょうか。だれかを犠牲にして、「わたしたち」という幸福な共同体を作ることを一度停止してみるべきでしょう。

幸福な共同体という幻想に身を浸し続けることを選んだ代償として、戦後の日本社会は言葉を失いました。太宰治は小説「パンドラの匣《はこ》」で、絶望の底には希望が残っていると言いました。しかし、かれが戦後ほどなく命を絶ったのは、戦後には偽りの希望ばかりがあって、現実の絶望、ことに人間の心や社会の醜さへの絶望に向き合っていないことにたいする絶望ゆえでした。

太宰の絶望は、絶望しないことにたいする絶望です。なにしろ、絶望と向き合わなければ希望は現れないのですから、わたしには当然のように思えます。幸福ばかりを装って絶望を否認した社会、それが戦後日本という社会だったのです。だとすれば、その社会を脅かし続けてきた絶望に今こそ向き合わなければなりません。闇の深い人間こそが、他人の苦痛により深く思いを馳せることができるのですから。

戦後初期に現れた巨大な闇、正体の明らかでない謎めいた他者のなかに、ゴジラと力道山という闇の影をまとった亡霊的な存在がありました。本章では、まずそこから考えをめぐらせていきましょう。

ゴジラという亡霊

「うわぁー、助けてー」

そう、大声で叫ぶと、わたしは暴れて壁を殴りつけます。泣きわめくときもあります。真夜中に目が覚めるんです。物心ついたころから、そんなことを繰り返してきました。ずっと悪夢にうなされてきたのです。

それは、なにか恐ろしいものに追われる夢でした。おぞましい顔をした吸血鬼、髪の伸びた古びた市松人形、仮面ライダーに登場してくる怪人たち……。学校のジャングルジムのてっぺんまで、ショッカーの怪人に追い詰められたこともありました。仮面ライダーの真似をしてライダーキックをしても、自分の蹴りはふにょふにょで無力さを感じるばかりでした。

わたしはあたりを見回して、自分を助けてくれる人を懸命に探します。しかし、だれもいません。自分と怪人しかいないのです。ただただ、おびえるばかりでした。正体不明な何者かが内部に侵入してきて、自分を侵す不安。自分であることが破壊され、自分が自分でなくなってしまう不安。フロイトはそうした不安を引き起こす対象を「不気味なもの」と呼びました。

フロイトはつぎのように説明を続けます。不気味なものは一見すると外側からやってくるように見えますが、自分の内側から生じます。不気味さとは親しみ深いものでもあるのです。不気味なものは隠されていた秘密のものがはみ出てきて、外に露呈してしまった状態を指すのです。

子どものころ、わたしはお化け屋敷がとても苦手でした。恥ずかしい話ですが、一度たりともお化け屋敷を最後まで歩きとおしたことがありません。お化けを人間が演じていると分かっていても、追いかけられると、泣き出して入り口まで戻ってしまうのでした。

でも、ついついお化け屋敷に出かけてしまうのです。怖いもの見たさというのでしょうか。自分でもどうしてなのかは分かりませんが。当時流行っていた吸血鬼の映画もそうです。夏になるとかならず上映される定番でした。喉から血を吸われる場面が、自分のことのように感じられて、恐怖におののきながらも恍惚を感じている美女たちに自分を重ね合わせたものです。でも、その晩から数日間はかならずひとりでは眠れなくなるのです。そんなものはいないと頭では分かっていても、吸血鬼が自分を襲いに来ると思って全身の震えが止まらないのでした。

そんな不気味なもののなかでも、たびたび現れてわたしを圧倒し続けたシンボルが、ゴジラでした。身長五十メートルもある真っ黒な巨大な怪獣が背びれから放電しながら、街を破壊しつつ歩き回っています。尻尾で建物を破壊し、口からは放射能を含む白熱光を吐き出しています。車や家をふみにじられ、恐怖した人びとが逃げ惑っています。

幼い子どもたちは、この映画を見るやいなや、深夜にうなされ、おねしょをしたり、泣き叫んだと当時の週刊誌などに報じられました。わたしもそのひとりでした。わたしが生まれたのは一九六一年ですが、物心がついてまもなくテレビ放映で見ました。この映画のことを、ストーリーは記憶していないものの、口から吐き出す白熱光で街を焼き尽くす光景とともに今でも記憶しています。

戦後の日本映画界が作り出した最大のスター、ゴジラ。南の海に眠っていた怪物が、アメリカ軍の水爆実験によって目を覚ます。ゴジラはみずからが被曝し、眠りを妨げられた怒りで日本に上陸するのです。そして、東京にむかって、一路、突き進んでいきます。電車は脱線し、首都圏は一面火の海と化します。

芝浦海岸から上陸し、松坂屋デパート、日劇と、ネオンサインに満ち溢れた東京の夜の街は、ゴジラに徹底的に破壊されます。そして日本の政治の中枢部である国会議事堂も破壊されてしまいます。いまだカラーにならない白黒の画面が、迫り来る闇の力を見事に表現していました。

第五福竜丸事件

ゴジラの映画は現在にいたるまで何度も製作されることになりますが、この最初の作品は一九五四年十一月に公開されました。同年三月に太平洋のビキニ環礁でおこなわれたアメリカ軍の水素爆弾実験で、日本のマグロ漁船である第五福竜丸の乗組員が被曝します。

人間のみならず、水揚げされたマグロからも強い放射能が検出され、築地の市場に埋めて廃棄処分されました。第五福竜丸だけではありません。各地の港に入った漁船からも次々と放射能に汚染されたマグロが発見され、「放射能マグロ」や「原爆マグロ」という言葉が広まりました。全国各地に降った雨からも強い放射性物質が発見され、農作物や水への汚染も懸念されました。『ゴジラ』の映画が作られた翌年の一九五五年には広島市で原水爆禁止世界大会も開かれています。

二十三人の乗組員全員が被曝、半年後には無線長の久保山愛吉さんが死亡したのです。急性放射線障害と治療の輸血にともなう劇症肝炎でした。しかし、福竜丸の被曝者たちが、広島・長崎の被爆者と連携していくのは困難だったといいます。アメリカからの見舞金を受け取り、高度な医療サービスを受けたかれらと、原爆医療法の対象となった広島・長崎の被爆者では支援状況が大きく異なっていため、不協和音が生じていたのです。

すでに東日本大震災での原発をめぐる補償問題とおなじような、被害者間の対立がみられていたのです。東日本大震災では、第一原発付近から避難して来た人たちが移住先の土地で、「お金を東電からもらって、働きもせんでいい気なもんや」と悪口を言われたり、「放射能伝染《うつ》るわ」といじめられたりしています。あるいは、おなじ避難民でも、原発が建っていた地域の人はそれまでに東京電力や政府からの金銭的な恩恵を被っていました。しかし、周辺地域の人たちはおなじように住めない地域になったものの、ある時期までは行政地域が違うということで、財政的な援助は皆無に等しかったということもあります。

「被災者」あるいは「被爆者・被曝者」という同一の言葉ではくくりきれない、不均質な現実が、今も昔もそこにはあるのです。そんななかで、援助を得ている人たちは現実を批判する声をあげにくくなり、次第に社会のなかに姿を紛れ込ませていきました。

広島・長崎に原爆が投下された一九四五年八月から約五年、一九五〇年に始まった朝鮮戦争は一九五三年に休戦したものの、終結はしておらず、軍事的緊張感のある政治的状況が当時の東アジアにはありました。日本はすでに一九五二年に連合軍の占領からは解放されていましたが、それはアメリカへの政治・軍事的な従属と引き換えでした。

総理大臣の岸信介や佐藤栄作がアメリカのCIAの協力者であったように、そして核兵器を積んだ軍艦が秘密裏に日本に入港することが政府によって黙認されていたように、戦後日本社会はアメリカの政治的判断に従うかたちで、一定の自治を認められてきたに過ぎません。日本はアメリカ合衆国の

「第五十一番目の州」であり、実質的な植民地国家になったのです。かつて大日本帝国が満州国に対しておこなった、独立国家を装った形態のもとに植民地に組み込む戦略を、アメリカは日本と韓国そして台湾におこなっていたのです。

東南アジアに目を向ければ、すでにベトナム戦争がフランス対北ベトナムというかたちで始まり、一九六五年にはアメリカがフランスに代わって介入し始めます。第二次世界大戦は終わりを告げたものの、アメリカ対ソ連を軸にして、資本主義国と社会主義国の争いが始まっていました。しかも原爆という最終兵器を切り札として第三次世界大戦がいつ始まってもおかしくない時期でした。

そんな緊迫した国際状況のもとで、日本人の被爆経験を呼び覚ますかたちで第五福竜丸の事件が起きたのです。その影響下で製作された映画『ゴジラ』は、「水爆が生んだ現代の恐怖」というセンセーショナルな宣伝文句とともに、一千万近い人を動員する大ヒットとなりました。

映画では、人間の科学兵器によって怪獣は消滅します。それは、人間の科学的な英知の勝利を物語るような結末でしたが、映画を観た者にとっては取ってつけたようなものに過ぎませんでした。ですから、その後もゴジラをはじめとする怪獣映画は、『ゴジラの逆襲』（一九五五年）、『空の大怪獣ラドン』（一九五六年）、『大怪獣バラン』（一九五八年）、『モスラ』（一九六一年）など、多くの作品が作られていきました。なかでも一九九八年のハリウッド版『GODZILLA』、二〇一六年『シン・ゴジラ』、二〇一九年『ゴジラ　キング・オブ・モンスターズ』など、ゴジラ映画は現在まで手を替え品を替え、製作され続けています。

「あのゴジラが最後の一匹とは思えない。もし水爆実験が続けておこなわれるとしたら、あのゴジラの同類がまた世界のどこかへ現れてくるかもしれない」。第一作『ゴジラ』の最後で、登場人物が語ったこの言葉は、その後の展開を考えたとき、予言的なものとなりました。一度の怪獣映画では観客はカタルシスを得ることができなかったのです。それほどに戦後の日本社会は自分では意識化できない、なにか不気味なものに追い続けられてきたのです。

闇夜に黒く光る怪物ゴジラ。その「不気味さ」はどこから来るものなのでしょうか。もちろん、観る者に応じてさまざまな意味が込められるのでしょうけれど、その中心には原爆と帝国の記憶が横たわっているのだとわたしは思います。ゴジラが現れた南洋は、今ではわたしたちは忘れていますが、もとは大日本帝国の植民地でした。

その南洋からやってきたゴジラは、旧植民地への畏怖とノスタルジアを同時に表した両義的存在であるようにも思えるのです。意識の次元では忘れているものの、南洋での侵略や暴力への罪悪感、南方では多くの日本兵が玉砕を命ぜられ、特攻隊は南の海に散っていったことへの畏怖。一方で、かつての大日本帝国の版図が示すような繁栄期に戻りたいという過去へのノスタルジアが絡み合って存在しているようにみえます。

そして第五福竜丸の事件を介して、歴史の闇を体現するゴジラは一九四五年の広島と長崎の原爆投下へとわたしたちの記憶を導きます。近年の新作ゴジラであれば、二〇一一年の福島第一原発の爆発をさらに重ね合わせたものであることは言うまでもないでしょう。フロイトは「不気味なもの」とは、対象に触れることで喚起されるみずからの心のうちの現実的な想像物だと述べています。

戦後になっても、戦争はけっして終わっていなかったのです。むろん、日本の外側では朝鮮戦争、ベトナム戦争、パレスチナ戦争、湾岸戦争をはじめ、幾多の戦争と暴動によって数え切れないほどの人たちが命を落としました。それにたいして、日本は武器を輸出したり、アメリカ軍に基地を提供することで、間接的に戦争に加担してきたにもかかわらず、「平和憲法」に護られて、自分たちだけの平和を謳歌してきたのではないのでしょうか。

植民地の亡霊

戦後日本の復興がこうした軍事特需の恩恵にあずかったものであることは明らかな歴史的事実です。第一章で「ポストコロニアル状況」という言葉について触れました。それは、旧植民地の人びとが植民地状況から解放された後も、旧宗主国に支配された影響を完全には拭い去ることができないという歴史的制約を指摘した言葉です。

この言葉は一九八〇年代から九〇年代にかけて、パレスチナ出身のエドワード・サイードさん、インド出身のガヤトリ・スピヴァクさんとホミ・バーバさんらによって提起された、第三世界の人たちからの欧米列強の歴史を捉え直す視点でした。三人とも自分たちを支配した大英帝国の母語たる英語を話すだけでなく、サイードさんの場合にはアラビア語、スピヴァクさんの場合にはヒンディー語と出身地域の言葉であるベンガル語、古代イラン人の末裔であるバーバさんの場合にはペルシア語と、複数言語を用いることをやむなくされた人びとです。

戦後の日本社会は、アイヌや沖縄の人たちを除けば日本語だけを話せばよいという点で、ずいぶん恵まれた立場にありました。しかし、旧植民地の人たちに目をやれば、韓国や台湾の高齢者の人たちは母国語以外に、今でも日本語を覚えています。とくに朝鮮の人たちは、自分の名前まで日本式に「創氏改名」され、言葉も伝統的な文化も奪われ、大変な苦痛を余儀なくされたのでした。

日本の人たちは、今でも日本を嫌っている韓国や北朝鮮の人たちを「後ろ向きな歴史観に支配されている」と批判します。しかし、伝統的文化を奪われた苦痛や恥辱はそれほどまでに計り知れないものだったと、かれらにもたらした苦痛の大きさをまず認めるべきではないでしょうか。

批評理論で言う「ポスト」という用語は、「アフター」のようにひとつの時期の完全な終わりを意味するものではありません。むしろ、ひとつの時期が終わりを告げても、その終わった時期の影響がそれ以降も持続していくことを主張するものです。すなわち、ポストとはひとつの時期の外部に出ることの不可能性を暴露する言葉なのです。植民地という過去を終わらせることは容易ではなく、その経験が、政治的に独立したあとも、旧植民地の人びとに「亡霊」のように取り憑いてやまない事態を指し示すものなのです。

ただし、そうした歴史的トラウマとでも呼ぶべきポストコロニアル状況は、旧植民地の人びとを苦しめているだけではありません。旧宗主国の人たちをも、罪悪感で苦しめています。わたしの知り合いの日本人にも、韓国人や在日コリアンとは会いたくない、話をしたくないという人たちが結構います。「かれらはいつまで恨み続ける気なのか。戦争はもう終わったのだ」と口々に言います。しかし、本当のところは、つぎのような不安があるとその知人たちのひとりがぽつりと言いました。

「旧植民地の人たちがどれほど傷つけられてきたのか、その現実に向き合うことが怖いのです。

大日本帝国の末裔である自分にその責任を取れと、恨み言を述べられたときにどうしたらよいのか分からないのです」。

そうです。旧宗主国の人びともまた旧植民地の人びとを支配した過去の重みに耐え切れずにいます。かれらの被った苦痛にたいしてどのような償いをしたらよいのか分からず、事実に向き合うことを恐れています。そこで働くのが、第二章で説明した「否認」の論理です。

とくに日本の場合は植民地主義の観点から見たとき、その過去は二重性を帯びたものとなります。現在では太平洋戦争という呼称は、正確には「アジア・太平洋戦争」と言い直されています。アメリカにたいしては帝国主義同士の覇権争いであったが、アジアにたいしては大日本帝国による植民地支配のための戦争であったという意味です。日本とアメリカの戦争についてはある意味対等なものであり、最終的には本土空爆と沖縄戦、そして広島・長崎への原爆投下という一連の出来事を考えると、日本人が被害者意識をもつことも可能です。現実に、多くの人びとは、アメリカの被害者と考えないまでも、戦争の被害者であると考えていることは確かです。

しかし、一転してアジアや南洋諸地域との関係を考えたとき、日本はやはり侵略国という加害者でしかありません。そうした加害者として自分の過去に向き合うことが、わたしたち旧帝国の末裔にはとても息苦しいのです。

わたしが初めてソウルを訪問したときのことです。その日、ソウルの街を見下ろす南山、朝鮮総督府があった地域を訪れました。かつて山の頂にあった、伊藤博文を日本人が祀った寺院、博文寺の名残を示す山門、そして朝鮮神宮を、友人の韓国人に案内してもらいました。南山とは植民地時代に「京城」と名づけられたソウルの街を見下ろす、朝鮮人にとって聖なる山でした。その精神的象徴を日本の朝鮮総督府は支配の証として占拠してみせたのです。韓国人にとって南山は自分たちの誇り高い文化の象徴であると同時に、屈辱にまみれた歴史の象徴でもあります。

伊藤博文は日本では初代総理大臣として知られていますが、朝鮮では朝鮮総督府の前身である韓国統監府の初代統監として悪名高い存在でした。大日本帝国の植民地支配の象徴である朝鮮神宮も解放直後に破壊されたものの、その神体は朝鮮人の手が及ぶ前に日本人の関係者によって持ち出され、今も日本のどこかに祀り続けられていることを教えられました。あたかも、かれらを支配してきた日本の国体精神には朝鮮人の怒りや悲しみの念は届かなかったとでもいうように。

現在、朝鮮神宮の跡地は韓国の若者のデート・スポットで有名な公園になっています。しかし、その境内にいたる石段は朝鮮神宮時代のものだと知っている者は、韓国人でもほとんどいません。韓国の人たちは気づかぬままに、かつての植民地時代とおなじように神社参拝の石段を歩くことを、戦後七十年をすぎた今も続けているのです。

そして、石段を登りきった公園の敷地内に建てられた施設が、伊藤を殺害した安重根を顕彰する記念館です。多くの日本人にとってテロリストのイメージしかない安重根ですが、実は深い教養を備えた知識人であったことをこの記念館でわたしは教えられました。多くの韓国人にとっては日本人がイメージする粗暴な殺人犯などではなく、大日本帝国からの解放の象徴としての民族の英雄であることを知ったとき、自分の不明を恥じました。

そうした知識人がテロリストにならざるをえないほど、日本の植民地支配は不当なものであったことを、わずかにせよ垣間見たからです。そして、わたしを一切責めようとしない、同行した韓国の友人の優しさが、いっそうわたしを辛くさせました。

その晩のことです。真っ黒い亡霊がわたしの枕元に立ち、何十年ぶりかで金縛りにあいました。恐怖のあまり目がさめて、ホテルの部屋の電気をつけました。あたり一面まがまがしく生ぐさい空気が立ち込めていました。眠りかけると亡霊のアウラがわたしの背中から体に侵入してしまうようで、自分が自分でなくなってしまうようで、その晩は一睡もすることができませんでした。

植民地化によって人びとを苦しめ、多くの命を奪ったという事実に向き合えないかぎり、わたしだけでなく、日本社会全体もまたかつて自分たちが宗主国であったという歴史を克服できないままになるのだと思います。そうした日本の歴史認識の限界は、終戦記念日に首相や閣僚たちが靖国参拝をするたびに、東アジア諸国から起こる批判にたいして、「他人の国のことに口を出すべきでない」といった態度からも確認されます。日本も韓国も現在は独立した国民国家なのだからと、過去の植民地支配を否認する退嬰的な態度だと思います。

国民国家とはなにか

ここで「国民国家」という言葉の説明をしておきましょう。国民国家とは、おなじ国民が構成する国家のことです。日本の例で言えば、日本国民が形成する国家です。ではだれが日本国民なのでしょうか。戦前であれば、朝鮮人も台湾人もアイヌ人も沖縄人も、すべて日本国民でした。ですから、大日本帝国もまた同一の日本国民で構成されている以上、これらの植民地を失った戦後の日本国家と同様に、国民国家なのです。もちろん、日本国民というアイデンティティは朝鮮人や台湾人などを含みこむことで近代に成立したものであるように、近代的な「創造／想像物」なのです。

だからといって、国民というものが偽物であると言いたいのではありません。あらゆるものが歴史的な変化物である以上、その創造過程においてリアリティを有することが「歴史的な実在性」なのだとわたしは考えています。そこで問題にしたいのは、むしろ国民という同一性が創設される過程です。なぜならば、自分という存在は異質な他者が存在しなければ自己を主体として確立することはできないからです。自分は相手とは違うのだという認識があってこそ、自分は自分だというアイデンティティができるわけです。

それは西洋との関係だけでなく、否定的なかたちにせよ、アジアを含まなければ、日本というアイデンティティは誕生しなかったと言い直すべきでしょう。ただし、戦前の大日本帝国は文字通り帝国として、多民族を同一国民として含みこんだのにたいして、戦後の日本国は日本人という単一民族が国民を構成しているという理解に切り替えました。こうした基本的な事実をふまえて考えるならば、戦前において他民族が同一国民国家の植民地として組み込まれていた以上、「他人の国のことに口を出すな」ということには簡単にはならないのです。

旧宗主国の栄光に輝く過去は、旧植民地の恥辱に満ちた過去であり、わたしたちの現在はそうした両者の過去が交ざり合ったところから流れ込んできたものに他ならないからです。旧宗主国は、まさにそうした異民族を同一国民に包摂した過去にたいして、今もなお持続するその影響にたいして責任をもたなければなりません。

その一方で、単一民族が国家を構成するという理念にもとづく現在の日本国家もまた、そこに事実としてアイヌ民族や琉球民族など異民族を含みこんでいます。さらに言えば、女性、障害者、被差別部落民も依然として平等な権利を与えられているとはとても言いがたい状況にあります。たしかに理念が現実の矛盾を是正していくならば、理念は批判的な役割を果たすことになるでしょう。しかし、理念が現実を覆い尽くしてしまうならば、現実のもつ矛盾は隠蔽され、結局は不平等な現実自体が否認されてしまうことになるのではないでしょうか。

その点で、戦後の日本社会は戦争の傷跡にきちんと向き合ってこなかったと批判されることでしょう。そうであるかぎり、ゴジラたち怪獣や怪人は何度でも呼び起こされ、わたしたちの罪悪感を刺激し、不安におとしいれるのです。幼いころのわたしが、毎晩のように夢に出てくるかれらにうなされたように。

こうした戦争という過去と向き合うことは、戦後にアメリカの「植民地」に身を落とした日本国家のあり方を、同時に問題化するものでなければならないでしょう。そのためには、戦後の日本国が主権を回復した独立国家であるという誤った自己認識を正すことから始めなければなりません。一九五一年のサンフランシスコ講和条約がアメリカの軍事的傘下に属すること、とくに沖縄を植民地として差し出すことを条件にしての、国家主権の回復であった以上、戦後の日本国家が半主権国家の域を出るものではなかったのは明らかです。

その事実が理解できないままに、自分たちを独立国だと思い、アメリカとの関係を対等な国家の協定と信じ込みたがる誤認は、東アジアにたいする植民地支配の責任を認めない認識と表裏一体をなすものです。すなわち、現在の日本は支配者としても被支配者としても植民地主義とは関係がないとして、すべての国があたかも独立国家として対等であるかのような幻想に身を浸しているのです。

そもそも帝国主義から自由な国民など存在しません。単一民族国家を実現したと思っても、その理念そのものが実は帝国主義を支える中核なのです。帝国主義とは宗主国である一特定民族が植民地化された他の諸民族を支配し、搾取していくシステムを指します。ただし、理念としては大日本帝国の傀儡政権であった満州国が掲げた「五族協和」のように、諸民族の平等を唱えるからこそ、被支配民族がやむをえない選択にせよ、その支配を甘受することもできたのです。

でも、それだけでは帝国の秩序は維持できません。実際には中心民族の支配力を正当化するものとして、自民族中心主義のイデオロギーが強く求められます。この自民族中心主義こそが、戦後日本社会の中核をなす単一民族国家の理念を支えるものだったのです。単一民族国家とは、帝国主義から諸民族平等の理念を除去した、ナショナリズムのもつ排他性をむき出しのかたちで示したものなのです。

韓国は旧宗主国の日本を憎み、日本はそうした旧植民地の韓国を忌み嫌う。一方で、戦後の東アジア政策を支配してきたアメリカにたいしてはいずれの国も批判の目を向けることがありません。まるで敵わない相手とは、最初から戦わないように。そこには占領時代の検閲制度の名残として、あるいは継続する占領体制のなかで、アメリカ政府の意向をおもんばかる自己検閲としての、忖度《そんたく》が働いていたのかもしれません。こうした宗主国のまなざしを内在化する現地の人びとの心理機制こそが、まさにポストコロニアル状況なのです。

それゆえに、ゴジラは原爆を落としたアメリカではなく、日本の首都東京を襲ったのではないでしょうか。南洋で玉砕した兵士たち、原爆で命を落とした市民たち、今も後遺症に苦しむ被爆者たちが、わずか数年で復興しつつあった戦後の日本社会の人びとにむかって、自分たちを忘れるなと怒りをむけたように感じたのです。戦後の日本人が否認してきた、犠牲となった人たちの無念の思い。そんな思いを体現する、闇からの使者ゴジラだからこそ、わたしたちは罪悪感ゆえに、恐れをなしてきたのではないでしょうか。

回帰する亡霊たち

みなさんのなかには、そんなに恐ろしいなら怪獣映画など作らなければいいと考える方もいるかもしれません。しかし、完全に忘れ去ってしまえるほど浅い傷でない限り、やはりその傷は何度も何度も亡霊のようにわたしたちの心をノックして止まないのです。そこで思い出されるのが、フランスの哲学者ジャック・デリダが唱えた「亡霊学」です。

亡霊とは正体不明なものであり、けっしてわたしたちに本体を見せはしません。亡霊ですから、そもそも本体など存在しないと言ったほうがよいかもしれません。背後で物音を立て、だれかがいると感づいたわたしたちを振り向かせます。しかも、その姿は複数性を帯びていて、見るたびに姿を変えることもあります。意識の外から、意表を突いたかたちで姿を現し、わたしたちの現在に問いかけるのです。

亡霊が実在するかしないかといった問題ではなく、不気味なものの対象に触れることで、心の奥底に眠っていた不気味なものが生気をおびて動き出すのです。日本でも亡霊が自分の部屋を訪れるさまをユーモラスに描いた小説があります。おりしもゴジラをはじめとする怪獣映画が最盛期を迎えた一九六五年に発表された、ショートショートの名手、星新一による『ノックの音が』です。

「ノックの音がした」。その一文で始まる各短編では、さまざまな登場人物が部屋を訪問します。愛する妻、泥棒、果ては殺人鬼……。だれが訪ねてくるのかは分かりません。いいえ、かれらが部屋に入ってきたあとも、自分の名前を名乗ったあとでも、その正体が明らかになるとはかぎりません。

話が進んでいくなかで、徐々にあるいは突如としてその正体は明らかになります。隣の弁護士事務所を訪れたはずの殺人犯が、間違えて自分にその罪を告白してしまう。あるいは、正体不明の闖入者に戸惑っていると、自分のほうが記憶喪失であり、不審者に見えた人物は自分の家族であった、とか。

この本では侵入者の認識自体が、まるで無意識からの訪問者のように部屋の主の意表を突き、ついにはみずからのアイデンティティまでが疑わしいものになっていきます。かれらは部屋主が忘れていたことを、不愉快な出来事も含めて、本人が望んでいないにもかかわらず持ち込んできます。それだけでなく、フロイトが言うように、部屋の内側からも不気味な雰囲気が充満してくるのです。

わたしにも似たような経験がいく度もあります。夜中に目を覚ますと不気味な空気が部屋に漂っています。電気を消すと、その不穏な空気が体の中に入ってきそうな気がして、怖くて眠れません。あるときには、自分のおなかの上で緑色の生首が憎悪に満ちた表情でぐるぐる回っているのを見たこともあります。あるいは枕元に立つ真っ黒な鎧武者が……。不気味なものとの出会いは枚挙にいとまがありません。

こうした心理機制を戦後日本社会の例を通して描いた小説に、三島由紀夫の「英霊の聲」がありま す。一九六六年に書かれたこの作品は、「もはや『戦後』ではない」という声の充満する日本社会にたいして、「われらは裏切られた者たちの霊だ」と名乗りを上げた英霊が、消費の享楽に浮かれる日本社会を撃つという内容のものです。

一九五六年の経済白書において「もはや『戦後』ではない」という宣言がなされます。敗戦の荒廃から日本社会が復興したという宣言です。映画『ゴジラ』から二年後、サンフランシスコ講和条約が発効して日本が国際舞台に復帰した四年後のことです。そして、一九五九年に当時の皇太子御成婚、長嶋茂雄さんの天覧試合でのホームランと、戦後の象徴天皇制が単一民族国家のシンボルとして本格的に社会に定着します。

一九六四年には東京オリンピックの開催による国威発揚に、東京・新大阪間の新幹線開通による日本の物流の急速な進展と、国民と世界に開かれた国民国家の形成がいっそう進みます。しかし、その一方で、怪獣映画の量産や仮面ライダー人気など、大衆文化に限っても、不気味なものは民衆の日常世界に頻繁に顔を出していました。それがある意味で忘却された戦争の記憶の回帰であることはすでに指摘したとおりです。

その一方で、新潟水俣病、四日市喘息などの公害病や農山村の過疎問題など、高度経済成長が引き起こす矛盾がつぎつぎと露わになっていきます。それを押し隠すかのように、一九六七年二月には天皇制神話の復活をもくろむ建国記念の日が実施され、一九六八年十月には政府主催の明治百年記念式典も催されます。

国際的状況も激動の時を迎え、一九六八年十月にはアメリカが北爆の停止を発表せざるをえなくなります。日本国内でも、ベトナム戦争や既存の学問制度を批判する学生運動が激化していきます。良くも悪くも、戦後の日本国家を支えてきたアメリカが民主主義の使者というよりは、グローバル資本主義を推進する帝国主義の擁護者であることがいっそう露わになっていきます。

ただし、大学に入れる恵まれた人たちによる学生運動を冷めた眼差しで眺めていた社会階層があったことも忘れてはならないでしょう。一九六八年の在日コリアン金嬉老による射殺事件、青森から出てきた永山則夫の連続射殺事件は、そうした社会階層から出てきた悲鳴にも似た声でした。金は在日コリアン、永山は東北出身者で、日本社会や大都会の東京に馴染めなかった社会的弱者です。

それはおそらく、一九六〇年代後半に高度経済成長と民主主義を謳いながらも、それらの恩恵にあずかることなく、むしろ高度経済成長を支えるために社会の底辺に押しやられていった人たち、そういう排除された人たちの存在も含めて、戦後の日本文化が複雑な葛藤を含んで展開せざるをえなかったという過酷な現実を物語っているのだと思います。

「非国民」という亡霊

こうした時代の雰囲気、つまり戦後日本社会が復興すると同時に社会矛盾が露わになっていく状況のなかで、三島の小説「英霊の聲」は発表されたのです。日本浪曼《ろうまん》派の流れをくむ三島は天皇主義者でしたが、戦後の大衆天皇制とでも言うべき象徴天皇制には強く反対していました。

この小説は、天皇の名のもとに戦争で亡くなった兵士たちの言葉をつうじて、戦後の天皇制を機軸として復興を遂げた日本社会のあり方を問い直すことを主題とした作品です。市井の有志がおこなった招魂儀式において、呼び出された霊が憑依した青年の声を通して、参列者の意表を突く怨念の言葉を縷々《るる》と語りはじめます。

三島がそこに現出させたのは、戦後の復興のなかで日々の悦楽を貪る生者の共同体にはけっして封じ込めることのできない死者の荒ぶる魂でした。物語が進行していくなかで、この英霊たちはみずからの正体を、二・二六事件の青年将校であり神風特攻隊の兵士であると告げます。

かれらは、すでに国営から切り離されたものの、戦後も一貫して戦没者の霊を祀る靖国神社に鎮座することを拒み、数十年もの間、怨念とともに血潮の海上に漂い続ける荒魂なのです。幽界から招き降ろされたこの死霊たちは生者を護るのではなく、生者に裏切られた悔恨を口惜しそうに語ります。

まさにかれらこそが、戦後社会に回収されない死霊であり、その眼差しは生者の安逸な日常に問いかけてくるのです。自分たちの死は犬死にすぎなかったのではないか、と。そして、依り代となった青年は、激しく憤る英霊によって取り殺されてしまう結末を迎えます。この霊こそがデリダの言う亡霊であり、フロイトの言う不気味なものなのです。

しかし、亡霊は日本人であるとはかぎりません。そもそも「日本人」とはだれを指す言葉なのでしょうか。戦中の大日本帝国の植民地支配、そして戦後の単一民族国家を標榜する日本にも実際には他民族の人びとが包摂されていたことは、さきに指摘したとおりです。日本人を「日本国民」と捉えれば、戦前は朝鮮人——ただし、戦前は「帝国臣民」と呼ばれたものの、あくまで「朝鮮戸籍」という戸籍の枠内にとどまらされていました——や台湾人など、他民族が日本人に含まれていたことになります。

ただしそれは、税金を払う義務はあるものの、戸籍を移動させる権利がなく、ある時期を除いて選挙権や被選挙権のない不平等な「二級国民」に過ぎないものでした。そうした国民としての社会的義務を強要されたにもかかわらず、戦後はかれらが居住し続けた場合でも、結果として帝国臣民という日本国籍を失い、外国人となってしまったのです。

一方、日本人を「日本民族」という意味で理解すれば、戦前も戦後もそうした他民族は日本人には含まれないことになります。しかし、戦後では単一民族国家を主張しているために、日本国民として法的に保障されているアイヌ人や沖縄人の位置づけは微妙なところです。こうしてみると、英語にしてしまえばおなじ「ネイション」になるものの、日本語では「国民」と「民族」という言葉のあいだに齟齬があることは明らかです。「国民」は他民族を含んだうえで「同一の国籍」を有する法的な範疇です。それにたいして、「民族」は法的範疇とは別に、文化や歴史を共有する人種的な紐帯と考えられているのです。

もちろん、民族という観念もまた国民と同様に、近代に形成された歴史的観念であり、超歴史的なものではありません。民族という観念は、国民という制度が確立されるなかで、歴史的伝統の不均質さを「血」や「文化」というフィクションと結び合わせることで、歴史的本来性という装いをまとって出現した近代的な言説なのです。

その意味では、法範疇と人種範疇を両極にふくむかたちで、「ネイション」という観念＝制度は存在してきたと考えるべきなのでしょう。戦前の朝鮮人が帝国臣民と規定されたものの、日本人（内地人）とは異なる朝鮮戸籍のなかに戸籍が固定されていたことは、おなじ国民としての国籍を与えながら、民族として区別するような操作を、戸籍登録を通しておこなっていたことの証拠と考えられるでしょう。

このように国民と民族の二重体として日本人を理解したとき、朝鮮人という存在はきわめて曖昧な様相を帯びるものとなります。戦前は日本国民——ただし「二級国民」——でありながら、日本民族ではない「日本人」であり、戦後は日本国民でもなく日本民族でもない「非日本人」でありながら、「在日朝鮮人・韓国人」とよばれる日本社会の一員——「非国民」——なのです。

かれらこそ、日本社会の正規の「国民」として認められてこなかった、しかも戦前から戦後の社会変動のなかでその地位が不可視の存在へと変転していった「亡霊」的存在なのです。だとすれば、南洋に散った兵士たちの象徴であるゴジラもまた、旧植民地民の亡霊でもあるのかもしれません。だからこそ裏切られた兵士たちとともに、天皇の住む東京を襲ったのかもしれないとも思えるのです。

こうした地位の変動をもたらした原因が日本国家であるからこそ、自分を正規の日本人と考える人びとは、かれらにたいして限りない罪責感を抱え込むことになったのです。

国民的英雄、力道山

朝鮮人・韓国人にたいする日本人のねじれた感情を体現する存在として、一九五〇年代に大活躍した力道山という「国民的」レスラーがいました。「日本の戦後の輝ける星、力道山。天皇の次に有名だと称された日本人、力道山」(李淳馹『もう一人の力道山』)。かれはこのように、戦争の傷を負った日本国民から熱狂的に愛されていました。

プロレスの放映がテレビではじまったのは、ゴジラ映画の公開された一九五四年のことです。同年暮れには、「昭和の巌流島」と騒がれた力道山と木村政彦の「日本人」同士の一戦もおこなわれ、国民的な関心を集めました。この年には、『力道山大いに怒る』といったプロレス映画が作られたほどです。今ではあらかじめストーリーの決まっている格闘技として受け入れられているプロレスですが、当時は真剣勝負のスポーツだとみなされていました。

国民を熱狂させたストーリーの図式は、日本人である力道山が欧米人レスラーと戦い、アジア・太平洋戦争で自分たちを打ち破った欧米を打ちのめすというものでした。当時、テレビはまだ家庭にまでは普及しておらず、街頭テレビに人びとが集って見ていました。こうした集団でテレビを見るという状況が、敗戦コンプレックスを抱えた民衆の感情をいっそう煽り立てたのです。視聴率は東京で五〇—六〇パーセント、地方では八〇パーセントを超える地域もあったそうです。今では考えられないほどの人気です。

実のところ、力道山は朝鮮半島、現在の北朝鮮から渡ってきた朝鮮人でした。本名を金信洛といい、一九二四年に咸鏡南道洪原郡龍源という寒村に生まれました。その後、創氏改名で金村光浩と名乗るようになります。ご存知のように戦前、朝鮮半島は大日本帝国の植民地であり、強制的に帝国臣民の国籍に編入されていました。そんな状況のなか、金信洛はシルム(現在の韓国相撲)の逸材として、一九三九年に相撲界の門を叩くために日本の内地に渡ってきます。そこでかれは、「力道山」というしこ名を与えられたのです。そしてついには関脇にまで昇進します。

戦後、朝鮮半島が大日本帝国の支配から解放されたあとも日本に残らざるをえなかった人々の国籍は、便宜的に「朝鮮」とされました。「終戦を境に力道山は人が変わった。親方や兄弟子の言うことを聞かなくなり、自分勝手な言動が目につくようになった」という関係者の証言も聞かれます。一方で、「朝鮮人だから番付が上がらないんだ」といった力道山本人の証言も残されています。親方との感情の行き違いから、一九五〇年に二十六歳の若さで力士を廃業した力道山が、プロレスに転じたのは一九五一年十月のことです。日本に来たアメリカ人のプロレス興行に単発で参加したのです。ほどなくかれは、本格的なプロレス修行のために渡米します。その身体を相撲取りのアンコ形から、プロレスラーの逆三角形へと作り直さなければならなかったのです。

戦前に大日本帝国の外地である朝鮮半島から日本内地へ、そして戦後には日本から占領国であるアメリカへ。力道山の旅は、植民地と占領をめぐる東アジア近代の歴史を体現するものでした。そのなかで、一九五一年にかれは「百田《ももた》光浩」という名で、長崎県大村市を本籍とする日本国籍を獲得します。百田とは、かれを日本に連れてきてくれて、角界入りを仲介した恩人の名前でした。

多くのコリアンが祖国に戻るなか、力道山はみずからの意志で「日本人」になることを選んだのです。日本の人びとは力道山が朝鮮半島から来たことをいつしか忘れ、かれが長崎生まれの「生粋の日本人」だと思い込むようになります。

こうした歴史的経緯を頭にいれたうえで、力道山の内面に目を向けてみましょう。朝鮮戦争の余波も収まった一九五九年、北朝鮮への帰国船の往来が始まります。力道山がその出港地の新潟港をしばしば訪れ、故郷に帰る人びとを羨んで涙したというわさも朝鮮人社会に広まっていたといいます。そして、一九六一年には帰国船の中に足を踏み入れ、新潟まで来た自分の兄や娘と再会しているのです。そうです。力道山には北朝鮮に妻と娘がいたのです。かれは力士になるために故郷を離れ、その後、戦後の混乱の中で、離ればなれになっていた家族が故郷に残っていたのです。

つかの間の再会に感極まった力道山は、家族の前で「アリラン」を歌ったといいます。かれは日本国籍を取得して日本に帰化したのですが、その心のうちは朝鮮民族への郷愁に満ちていたと思われます。しかし、日本では韓国人のレスラーの前でさえ、かれは朝鮮語を喋りませんでした。それほどに、戦後の日本社会には、旧植民地民が生きるには強いプレッシャーが存在していたことの証左かもしれません。

戦前の大日本帝国の多民族国家という形態からすれば、そうした感覚は理解できないものではありません。戦前の大日本帝国期の植民地では、進んで日本人であろうするのが一般的でした。帝国臣民であることを拒絶すれば社会的権利が剝奪されるのですから、それは当然の心理でしょう。

今日、韓国でも北朝鮮でも帝国期の親日派に社会的制裁を加えることが依然として続けられています。ですが、当時の植民地の人たちが置かれた困難な状況を理解せずに、かれらを親日派というだけで裁くのはあまりに事後的で無責任な立場にほかなりません。まして日本人と朝鮮人が同一民族だという「日鮮同祖論」を国是とする植民地経営がおこなわれた朝鮮半島で、朝鮮民族であることを明らさまに唱えることはきわめて困難なことであったのです。

大日本帝国の支配下ではだれしもが親日派にならなければ生きていくことはできませんでした。イデオロギー的な弾圧もありましたが、それ以前に日本国民として認められなければ社会的権利が与えられないからです。だとすれば、戦後になって親日派を摘出して売国奴と糾弾してきたのは、みずからの親日派としての過去から眼をそむけるために、スケープゴートを作り上げて、自分たちの過去を否認するためだったと言わざるをえなくなります。

ただしそのなかで、心のなかだけでも朝鮮民族として自己を位置づけることは、多民族国家としての大日本帝国の支配に抵抗することを意味しました。戦後の力道山もまたそうした生き方を保持し続けた人物だったといえるでしょう。ただし、こうした自分の言葉を語る公共空間を失った旧植民地民たちが抱く感情もまた、帝国のゆがみに汚染された暗い感情にほかならないことも見過ごしてはなりません。

その力道山が敗戦国日本で「生粋の日本人」を演じ、日本文化を体現する「空手チョップ」で欧米人を倒す。しかも、欧米人レスラーは姑息な反則を犯し、日本人である力道山を窮地に追い込む。そして、おなじ日本の同胞である弱い木村政彦らを救い出す、真に強い日本人を力道山が演じる。そこには、戦争に負けた日本人の欧米にたいするコンプレックスを解消するストーリーがあったのです。

被害者である日本人が、加害者である欧米人に仕返しをするという、実現しない幻想の世界だけの物語がプロレスにはありました。街頭テレビに群がった人びとは、毎週の放送で、その幻想がテレビのなかでは実現することに酔い痴れたのです。

マイノリティの苦悩

しかし、日本的なものを象徴すると思われた力道山の空手もまた、おなじ朝鮮半島出身の空手家、大山倍達《ますたつ》（本名、崔永宜）から教わったものでした。プロレスがアメリカのショー・ビジネスに由来するものであったように、そこで演じられた日本人らしい戦い方というものも、さまざまな意匠を組み合わせて、近代の産物である「日本国民」や「日本民族」という観念と同様に、力道山によって人工的に案出されたものだったのです。

一枚の興味深い写真があります。「大人と子どもが並んで立っているようだ」と評される、戦後の日米関係を端的に示したツーショット写真です。左側の背の高い人物が、連合国軍の最高司令官のダグラス・マッカーサー、右側の小柄な人物が昭和天皇です。ジョン・ダワーさんというアメリカの日本近代史研究者が『敗北を抱きしめて』（原著一九九九年刊）という本のなかで書いていますけれど、戦後日本の政策というのは、アメリカという勝者と日本という敗者の共同作業のなかで、双方にとって都合がよいように施行されていったのです。敗者は敗者の立場から勝者を利用する。勝者は勝者の立場から敗者を利用する。そうした共犯関係がこのツーショットには見事に表れていることが歴史学者によって指摘されています。

しかし、日本が弱者でアメリカが強者だという枠組みだけでは、この時代の日本社会の人心を掌握することはできません。それでは日本国民にとってあまりに屈辱に満ちたストーリーになってしまいます。それを補完する役割を果たしたものが、当時は真剣勝負と目された力道山のプロレスでした。力道山が欧米のレスラーを叩きのめすストーリーは、昭和天皇とマッカーサーの関係を逆転させたものということになります。

しかも事態が複雑な様相を呈しているのは、力道山は戦中に朝鮮半島から渡ってきた被植民者だったことです。その被植民者が、戦後になって日本人を代表して欧米人と戦うところに、戦後日本が抱え込んだアイデンティティの複雑さがあります。日本人がもっとも望んだ日本人の振る舞いは、旧植民地出身者による模倣行為だったという事実こそが、戦後日本におけるポストコロニアル状況を如実に表したものになっているのです。

こうした日本人の興奮を、それを演じた帰化日本人である力道山はどのような思いで眺めていたのでしょうか。もちろん、巨万の富を得るビジネスという目的もあったはずです。しかし、そこに見る支配民族としての日本人たちの態度、アメリカとの関係に被害者意識をもつ一方で、アジアの植民地にたいする侵略国としての罪責感は欠落したさまを、どんな思いで見ていたのでしょうか。

北朝鮮あるいは韓国を自分の故郷だと信じ切れていたのでしょうか。リングのみならず日本社会で演じていた日本人というアイデンティティは、文字どおり仮面にすぎなかったのでしょうか。社会的成功のためだったかもしれませんが、日本国籍を取得したのは力道山自身の意向であったことを忘れてはなりません。

力道山亡き今、本当のところはだれにも分かりません。あるいは、力道山本人にも分からなかったというのが正直なところなのかもしれません。ですが、マジョリティの日本人でさえ、本当の自分がだれかということを分かっている者がどれほどいるでしょうか。

そもそも、本当の自分とはなんなのでしょうか。たとえば日本人でありながら、コリアンでもある。それがそんなに不自然なことなのでしょうか。そこに、旧植民地民に顕著に見られる「ハイブリッド」というアイデンティティのあり方が関わってきます。それこそ、ポストコロニアル研究者たちの唱えてきたことです。それについては後に取り上げてみたいと思います。

いずれにせよ力道山は、少なくとも表面的には、日本の社会が敗戦から立ち直って、国際舞台への復帰とともに高度経済成長を遂げていく象徴となりました。空手チョップで欧米人をはじめ世界の強豪をなぎ倒していく怒りに満ちた姿。その黒タイツは漆黒に輝くゴジラを想起させます。ただし、ゴジラと違って、力道山はただの破壊者ではありませんでした。死者や被爆者の恨みを、明日を夢見るエネルギーに変えるダイナミックな変換者、救世主でもあったのです。

政治的イデオロギーを濃厚にふくんだ力道山のプロレスは、日本の政界から強力な支援を得ることになります。日本プロレスのコミッショナーは自民党副総裁、理事には著名な財界人が名を連ねる一方で、暗黒街のボスたちが力道山を囲んでいました。そこからは、自民党というアメリカ追従を党是とする植民地政権のもと、闇の世界を支配する右翼のナショナリスト、そして在日コリアンらが合作して、力道山の紡ぎ出す反米ナショナリズムの物語を支えていたことが分かります。

親米だから反日とはかぎらないのです。むろん、反米だから親日ともかぎりません。植民地国家においては、帝国に従うことで、自分の国への愛国心も保証されるということがしばしば成立します。ただ、大衆にたいしては、反帝国主義という装いをまとったほうが自国のナショナリズムが浸透しやすいことは言うまでもありません。力道山のプロレスは政界と結びつくことで、大衆向けのイデオロギーを推進する役をになうものとなりました。

そこに親韓というイデオロギーが加わることで、アメリカの極東政策は反共の防波堤を確固たるものとしたのです。ただ、出身地が今や北朝鮮の一部になった力道山にとって親韓の立場は、北朝鮮に残された家族のこともあって、もろ手を挙げて賛成できるものにはならなかったようです。朝鮮戦争で分裂した韓国と北朝鮮。日本と北朝鮮の国交断絶。力道山の立場は戦後になって、いっそう複雑なものになっていきました。

前述のとおり、力道山は一九六一年に新潟港に停泊した北朝鮮への帰国船内において、秘密裏に兄と娘に再会します。このときにはすでに、かれの出自が朝鮮民族であることは漏らしてはならない事実になっていました。しかし、一九六二年末に日本プロレスのコミッショナーでもある自民党副総裁の大野伴睦《ばんぼく》が訪韓した直後、一九六三年一月に力道山がついに訪韓します。何度も韓国政府からの誘いを断ったうえでの、自民党路線に従った訪問であったといわれます。

かれ自身の故郷は北朝鮮にあり、金日成に心酔していたといわれますから、この訪韓にいたるまでに随分悩んだのでしょう。ソウルから板門店まで足を運び、北に向かって声のかぎりに母国語で叫んだのです。

「ヒョンニム（兄さん）！」

残念なことに、その前年にかれの母は北朝鮮で亡くなっていました。もはや力道山は自分のことを自分だけで決められるような自由な立場にはありませんでした。日本の政治世界や裏社会、そして国際政治状況の荒波のなかへと、気づいたときには身動きが取れないほどに深く巻き込まれていたのです。そんななか一九六三年末、力道山は暴力団員に刺されて不慮の死を遂げます。

一方、力道山は北朝鮮の人びとのあいだでは「民族の英雄」と呼ばれていました。北朝鮮では力道山は、欧米人を成敗する朝鮮民族の英雄として尊敬されていたのです。力道山の試合を映した日本のテレビ放送の音声を朝鮮語に差し替えて、朝鮮民族の英雄の試合として再放送されていたのです。逆に、韓国では力道山は売国奴とさえ罵られる始末でした。

ハイブリッドな主体

ここで思い出されるのは、広島に投下された原爆を主題にしたマンガ『はだしのゲン』です。作者の中沢啓治は広島出身の漫画家で、自身も被爆者です。このマンガのなかには、日本人とともに朝鮮人の被爆者がしばしば登場します。かれらは、日本へ強制連行された揚句に、広島で被爆した二重の苦しみを背負う者として描かれます。

日本人とおなじく被爆したにもかかわらず、朝鮮人だからといって、治療を施されないままに無残な死を遂げる人びと。被爆した「わたしたち日本人」という無垢なる存在であるはずの者が、他者にたいして差別的に振る舞うさまが描き出されます。被爆者だからといって、均質化できない差別状況が、被爆地に存在していたことが明らかにされているのです。

こうした旧植民地にたいする冷淡な態度にたいして、『はだしのゲン』はわたしたち読者に根本的な問いを提起します。本当にわたしたちは「わたしたち」であるのか。そもそも、「わたしたち」とはだれのことなのか。戦後の日本社会ではそれを真剣に考えた人びとがどれだけいたのだろうか、と。

アメリカの評論家のスーザン・ソンタグは「他者の苦痛へのまなざしが主題であるかぎり、『われわれ』ということばは自明のものとして使われてはならない」と指摘しました。おなじように、『はだしのゲン』は「わたしたち」という言葉そのものが安易なナショナリズムの感情に回収されることがないようにと警告しているように思えます。

広島平和記念資料館の展示を見るときに胸の裡に湧き上がるのは、少なくとも自分に関して言えば、「二度と戦争を起こしてはいけない」という感情でした。おそらく、外国人もふくむ多くの人びともさほど違わない感情を抱いていることでしょう。しかし、わたしの場合には、そこから「わたしたち日本人は原爆投下を経験したがゆえに平和を望む」という、「わたしたち日本人」が、自分ではないはずの「被爆者」と重なって、同一の日本人という主体を構築していく感情の動きが作動してしまいます。

そこに、展示室を訪れた加害者としてのアメリカ人の涙が、わたしたち日本人という無垢の被害者の存在を確信させてくることになります。大学時代にはじめて平和記念資料館を訪れたわたしも、つぎのようなアメリカ人のつぶやきを耳にしました。

「わたしはなにも知らなかった。原爆がこんなに恐ろしい惨禍をもたらしていたとは。悪かった」。

おそらく、自分が自分であるという同一性の感覚を人間は日常では本質的にもつことができないために、つねにそういった同一化できる対象としての「無垢の被害者」を、つい他者に探し求める誘惑にかられてしまうのです。そのとき、理解不能な他者への「同情」は、理解可能な「わたしたち」への「共感」に転落していきます。同時に、自分たちと分かり合えない人間は、本質的な悪としてその共同体の敵として目されることになります。

「共感」を介して自分を重ね合わせる対象はときに天皇となり、ときに被爆者となります。そうした対象の二重性には十分注意を払っておかなければなりません。戦争責任を免責された天皇と、戦争の災厄を負わされた被爆者。それが、日本人という不在の主体を現前せしめるための不可欠な象徴となるのです。こうして、固定した意味を付与する「大文字の他者」が出現すると、人間の主体はいともたやすく、そこへと同一化されてしまうのです。

大文字の他者とは、精神分析家のラカンが唱えた概念です。わたしたちがアイデンティティを立ち上げるためには、なにかと同一化する必要があります。自分に先行して存在する他者に同質化することを通して、わたしは「わたしというアイデンティティ」をもつことができます。

ラカンはそうした自己を規定する存在を「他者」と呼びました。かれにとって他者とは自分のほうから働きかける客体というよりも、むしろわれわれにたいして働きかける主体なのです。ここに主客関係に関する認識の逆転、すなわち他者イメージをめぐる認識の根本的転換があったわけです。わたしは、それを「他者論的転回」と呼んでいます。そして、大文字の他者は、主体のアイデンティティを、良くも悪くも固定する、概念や象徴などの「意味」を与える役割を果たすものを指します。力道山もまたわたしたちを国民化する大文字の他者の役割を果たしてきました。ただし、そこでもっとも典型的な日本人を演じていたのは日本人ではなく、かつての大日本帝国の植民地民であったことになります。天覧試合でも、台湾国籍をもつ王貞治さんら旧植民地民が重要な役割を果たしています。そこからも戦後において、日本人という主体を確立するさいに複雑な過程があったことが確認されます。

ですから、わたしはこの他者を「謎めいた他者」と呼びたいと思います。他者は具体的な個人ではないのです。力道山であっても、天皇であっても、それをとおして「正体不明ななにものか」がわたしたちに語りかけてくるのです。そもそも、わたしたちは自分のことが分かっているかと考え直してみると、実はよくは分かっていないのです。自分にとって己自身こそがもっとも謎めいた存在である。だからわたしたちはなにものかに正体を固定したくて、アイデンティティを求めてやみません。日本国民の一員、会社の一員、家族の一員……。

同時に、わたしたちは日常的に周囲の人間に語りかけたり、自分自身に語りかけています。しかし、わたしたちは眼前の語りかけている個人に、本当に話したいのでしょうか。実は、そうした具体的な人間を通して、その向こう側にある「どこにもいないあなた」に語りかけているのではないでしょうか。そのときに、伝統とかゴジラとか日本人とか、具体的ななにかに収まらない「大文字の他者」という固定化されたシニフィアンが、わたしたちの心に大きな場所を占めることになるのです。そのとき、力道山や王貞治さん、さらに天皇はもはや個人ではなく、個人の意思を超えた、それ以上の意味を帯びた存在になるのです。

他方、この大文字の他者は、意味を固定化しきることのできない流動的な「小文字の他者」の特質も併せ持つがゆえに、「謎めいた他者」と呼ぶことができます。たとえばゴジラですが、ゴジラが本当はなにものなのかは、だれにも分かりません。たしかにわたしが考えたように被爆者や旧日本兵といった推測をすることはできます。しかしゴジラが真っ黒な闇のような身体をもつように、その意味というものも汲めども汲み尽くせない意味の多重性を帯びた存在なのです。それが「謎めく」原因なのです。

さらにそれは、エドワード・サイードさんの言う「異種混淆性」としての他者の特質にも呼応するものです。異種混淆性は英語で言えば「ハイブリッド」、すなわちハイブリッド・カーのように異なる種類の力がひとつのまとまりをなす、流動的なアイデンティティのあり方を指します。サイードは「どこかぴったりこない、何かずれているというあり方」という表現を通して、不協和音を通奏低音とするような主体のあり方をしばしば肯定してきました。

そこでサイードが言いたかったのは、あらかじめ自分が思い描いたかたちではなく、自分の予想を裏切るかたちでの、予測不能な自己の新生へといざなうような生き方です。絶え間なく意味がずれていくのですから、ハイブリッドな主体形成には自分が自分でなくなってしまうような「不安」がつねにつきまといます。そうした生き方の典型こそが、戻る故郷を失ったディアスポラ——移民や難民——であるといえるでしょう。

事実、力道山も王さんの父親も朝鮮半島や中国からの移民でした。王さんがその国籍問題から高校時代に国体に出られなかったように、かれらは国家による安定した庇護を受けにくく、社会的な権利をいつ剝奪されるか分からない不安定な生活を余儀なくされていたのです。

こうした不安定さのなかで日本社会に暮らしている人たちがいることは、恥ずかしながら、大学生のわたしには皆目想像がつきませんでした。確かに異種混淆的な生は、体制と同一化したマジョリティには見えないこの社会の矛盾に気づかせてくれるものとなるでしょう。しかし、混沌とした複数性をそのまま日常的に生きていたならば、その人が精神のバランスを損なうことは避けられません。ですから、問題はこうした複数的な異種混淆的な生をどのように意識化していくかという点にあるのです。

症状としての他者

ゴジラや力道山たちは戦後日本社会において日本国民や日本人という主体が次第に確固たる存在になっていくなかで、そこからはみ出てしまった存在、切り捨てられてしまった存在の象徴なのです。しかし、排除のない主体化過程など存在しません。排除や断念は主体化という過程にとって不可避の作用です。問題はそれをどのようなかたちでおこなうか、なのです。

わたしたちはなにかを断念することで主体に、そして成熟した大人になっていくのです。ただ、その切り捨てられたものをどのように再編成していくか、その交渉過程にこそ、しなやかな主体形成の秘密が隠されているのです。

体制との同一化の感情とはいったいどのようなものなのか、正直に言って、長いあいだ、わたしは理解できずにいました。それが突如明確なかたちをとるようになったのは、広島平和記念資料館の展示を訪れた友人の韓国人歴史学者が、つぎのような感想を漏らしてからです。

「これは被害者のナショナリズムとしての平和宣言だ。これでは東アジア諸国にたいする加害者意識が消されてしまう」。

誤解のないように申し添えておくならば、かれが言いたかったのは、日本人が間違っていて、韓国人が正しいということではありません。どちらか一方が被害者で、そうでないほうが加害者なのか。そういった二者択一的な被害者―加害者の割り当て自体が無垢なるナショナリズムの存在を前提とするものです。こうした純粋なアイデンティティへの願望そのものが生み出す暴力的な抑圧や排除は、どこの国や民族であっても、それが国民や民族という主体や主権を構築する試みである以上かならず起こりうるのだと批判したかったのです。

ですから、自国韓国の独立記念館をも、大東亜戦争を聖戦として肯定する靖国神社の遊就館とともに、無垢の被害者ナショナリズムに毒された発想だとしてかれは厳しく批判します。独立記念館は大日本帝国の被害者として、靖国神社はアメリカ帝国の被害者としてです。過剰な展示内容、ナショナリズムの鼓吹、被害者意識の助長など、広島の平和記念資料館の展示のあり方もふくめて、無垢なるナルシシズムのもつ危険性がそこには潜んでいるのです。

広島の資料館においても、その良心的な展示にもかかわらず、アジアにたいする加害者意識を吹き飛ばして、免責させる効果をもたらしていることは、日本に侵略されたアジア諸国からすれば否めない事実なのです。しかし、被害者だけの立場にある国民の歴史など稀有なものです。韓国についても、日本との関係では被害者ですが、ベトナム戦争では現地のベトナム人にたいして残虐な行為をおこなっていました。韓国人もまた東南アジア諸国にたいして、日本が韓国にたいしてそうであったように、白人や日本人の代理の役割を果たしてきたのです。

プロレスという格闘技ショーが絶大な人気を得てきたのは、もちろんそれが真剣勝負だと当時の人びとが信じていたからということもあります。ですが、それ以上にそのストーリーが大衆の感情的な世界観と一致したものだったからです。なぜならば真実か虚偽かということは、論理的な根拠があるかどうかによって決まることではありません。むしろ、そこで提示される物語が人びとの望むものであるか否かによって左右されるものだからです。

そこでは日本人は日本人らしく、韓国人は韓国人らしく、アメリカ人はアメリカ人らしく、それぞれの国民が望むかたちに従って、現実の人間以上にステレオタイプな表象が立ち上げられていきます。それが大文字の他者なのです。現実の人間以上に、その空想が多重の意味を帯びて語りかけてくる「謎めいた他者」なのです。その結果、力道山のように、朝鮮民族の心をもつ日本国民は、均質に制度化された社会のなかでは自分の居場所を失うことになるのです。

ナショナル・アイデンティティの例について言えば、わたしたちが純粋な日本人であろうと願っても、現実には純粋な日本人ではありえません。つねに日本を占領したアメリカの眼差し、あるいはかつて日本の植民地にされた東アジア諸国の眼差しにさらされるなかでしか、他者の欲望のなかでしか自己のアイデンティティは成り立たないものなのです。しかも統合失調症的な亀裂を穿たれたかたちでしか存在しないのではないでしょうか。

純粋さや無垢さを志向する自意識とは別に、ポストコロニアル状況に関与した主体は、一見部外者であるように振る舞う日本人も含めて、分裂を引き起こして宙吊りになってしまうのです。

精神分析には、幼児期の主体形成について「鏡像段階」という概念があります。それは個人について述べられたものですが、国民という主体の成立過程にも当てはまるものと思われます。

いまだ自我の発達していない幼児は、自己の統一イメージをもつことができないでいます。最初に自己の統一的イメージを獲得するのは、鏡に映った自分を見て、他者の眼差しを内在化することによります。自分が自分の内側をのぞき見るのではなく、一度他者の眼差しを介して、自己イメージを獲得するのです。

ここからは人間がありのままの他者、さらには純粋な自分というものに出会うことはきわめて困難な出来事であると分かります。わたしたちは、たがいの幻想のなかでしか触れ合うことができません。場合によってはその幻想は、わたしやあなたが作り出したものではなく、わたしやあなたを作り出している、名づけがたい「謎めいた他者」の欲望によって生み出されたものなのかもしれないのです。だとすれば、戦後の日本国民という主体もまた、アメリカや韓国の眼差しという大文字の他者との関係のなかで形成されたのも当然と言えるでしょう。

しかし、あらゆる主体がひとしくハイブリッドな性質を有するからといって、かれらのあいだの歴史的過去や現在の差別構造が消えてなくなるということではありません。日本の戦後で言えば、アメリカ、および韓国や台湾など東アジア諸国との三角関係は、いまなおとても不平等なものです。日本がこの点について、自覚的ではないのは、自分が差別する側にあるからです。

極東裁判がそうであったように、日本の犯したアジア諸国への罪は不問にされ、欧米への罪のみが厳しく問われてきました。中国で人体実験をおこなった七三一部隊や南京虐殺、従軍慰安婦の強制連行が免責されたのも、アメリカとの情報の取引もふくめ、こうした西洋中心主義の立場がもたらした不正義でした。そこで不問にされたからこそ、日本人はアジアにたいする罪を自発的に引き受けることができなくなってしまったのです。

ゴジラ、力道山。そうした闇の世界からの使者に、被爆者であり旧植民地民であり、戦死した旧日本兵である亡霊たちに、どのようなかたちを与えていくのか。この闇の力に適切なかたちを与えていかなければ、わたしたちは苦しくて苦しくて前を向いて生きていけなくなってしまいます。ただ、ゴジラについては一点忘れてはならないことがあります。力道山の場合は朝鮮半島出身者であることが触れてはならないタブーであったように、ゴジラにもタブーがありました。

そう、東京に向かったゴジラは主要な建物を次々に踏みにじっていきました。しかし、最後まで皇居や靖国神社にその攻撃が向かうことはありませんでした。英霊たちと天皇。それがゴジラにとってのタブーだったのです。英霊は自分自身だったのでしょう。でも、かれらに死を命じた昭和天皇の住む皇居に踏みこむことはできませんでした。そういえば、三島由紀夫の「英霊の聲」にも、現代の日本社会を恨む死霊が天皇にたいする慕情を熱く語る場面がありました。

そうです。だれも天皇の戦争責任を問うことができないできたのです。死んだ兵士たちも、被爆者もです。たしかに、一部の人たちは天皇の責任を問おうとしました。しかし、天皇の責任を問うた瞬間に、かれらは常軌を逸した存在であり、非国民とされてきたのです。

天皇の戦争責任を免責した主体がアメリカ軍であることは今ではよく知られた歴史的事実です。連合軍の最高司令官であるダグラス・マッカーサー元帥は、つぎのような報告をアメリカ政府にしています。

> 天皇は日本国民統合の象徴であり、彼を破壊すれば日本国は瓦解するであろう。……だからもし連合国が天皇を裁けば日本人はこの行為を史上最大の裏切りと受けとり、長期間、連合国に対して怒りと憎悪を抱きつづけるだろう。……私の意見では、すべての日本人が消極的ないし半ば積極的に抵抗し、行政活動のストップ、地下活動やゲリラ戦による混乱が引き起こされるであろう。（雨宮昭一『占領と改革』）

フランスの哲学者ロラン・バルトが日本を訪問したさいに、一般の国民がだれも立ち入ることのできない皇居が東京の中心に据えられていることから、日本社会の「中空構造」を読み取ったのが一九六八年のことでした。それが正しいとすれば、天皇制は戦後の日本国民というアイデンティティを作り上げたものであると同時に、国民の側からはその実体を覗くことのできない「謎めいた他者」ということになるでしょう。しかも、この不可視の天皇制を存続させたのは、あくまでアメリカの統治政策の都合だったのです。ここにも、日本が日本社会のあり方を決定することのできないポストコロニアル状況の存在を確認することができます。

　さて、皇居に踏みこむことなく海に戻っていったゴジラは、一九六〇年代半ばには日本の国土を護る正義の味方となり、宇宙から侵略に来るキングギドラや公害怪獣へドラらと戦う役目を演じるようになりました。TV番組でもウルトラマンが現れ、人間社会の秩序を攪乱する怪獣たちを成敗するようになりました。怪獣映画や番組はかつて日本社会を恐怖に陥れたゴジラ映画を骨抜きにしてしまったのです。なんとゴジラには子どものミニラまで生まれ、幸せな家庭生活を営むようになります。

　ゴジラやウルトラマンが守ってくれるという裏づけのない確信のもと、われわれの不安など取るに足りないものであるという考えに社会全体が移行していきます。それは高度経済成長のもと、兵士や被爆者あるいは在日コリアンたちの存在を「否認する」社会への移行を意味するものでした。力道山が暴力団員との小競り合いから不慮の死を遂げたのも一九六三年末のことでした。

　それからプロレスは次第に戦争の怨恨を晴らすためのナショナル・アイデンティティのショーではなく、個人と個人が力を比べる格闘技へと路線を変更していきます。同時に、ジャイアント馬場という生粋の日本人が主役となります。プロ野球でも巨人軍の九連覇が始まりますが、台湾人として知られる王さんがどれだけホームランを量産しても、日本人である長嶋茂雄さんの人気を上回ることはありませんでした。

　こうした大衆文化の変容に先立って原子力発電所における核エネルギーの開発が、アメリカの意向をふまえて日本でも始まっていました。一九五五年に原子力三法が成立、広島でも一九五六年に原子力平和利用博覧会が開かれます。一九五七年には東海村の原子力研究所で最初の臨界実験が成功します。そして驚くべきことに、一九五五年にはアメリカの議会で、被爆地である広島に原発を作ることまでが提案されていたのです。

そこには原爆は認めるわけにはいかないが、原子力は未来を切り開く核エネルギーとして肯定的に捉える戦後の高度経済成長期の主張が表れています。戦争の影響下にあるという意味での「戦後」が文字通り終わりを告げ、戦争の影響から解放されたという意味での、もうひとつの「戦後」が始まろうとしていました。その転換点が、一九五六年の経済白書に記された「もはや『戦後』ではない」という言葉でした。

ここから、原子力エネルギーが象徴するような経済的な豊かさがそのまま精神的な豊かさを意味する高度経済成長の戦後社会が始まっていきました。一九六〇年に発表された池田勇人内閣の「国民所得倍増計画」は、国民の関心が経済的豊かさへと移行していく契機となりました。一九七〇年には「人類の進歩と調和」を謳う大阪万博が開かれます。こうして、戦死者たちや被爆者たちの戦後が姿を消し去り、経済的豊かさの戦後が始まったのです。

今からみれば、原発も原爆とおなじ原子力エネルギーである以上、それは制御不能なものであり、回復不能なダメージを人類社会に与えるものであることは明らかです。その意味では、二〇一一年の東日本大震災は福島第一原発の爆発を通して、今一度、戦後の始まりを告げた被爆という問題にわたしたちを連れ戻したのです。

はたして、戦死者や被爆者の魂は本当に慰められたのでしょうか。鎮められたのでしょうか。行き先を失った在日外国人たちは終《つい》の棲家《すみか》をどこかに見つけたのでしょうか。そしてなによりも、自分の心の不安や恐怖は収まったのでしょうか。だとすれば、なぜわたしは今も深夜に泣きわめき続けるのでしょうか。戦後イデオロギーの再考が叫ばれている今こそ、豊かさの意味を改めて考えなければならない時期に来ているのは明らかです。

第4章

真理の王——オウム真理教と反復される天皇制

前章で問題提起した「謎めいた他者」の眼差しのもとに、個人のみならず、戦後日本社会という主体をどのように作るのか。近代合理主義的な思考のもとでは、主体は他人の思惑に左右されない自立したものであることが理想とされてきました。たしかに、それは戦後日本社会の建て前として前面に押し出されてきた価値観でもありました。

しかし、実際にはゴジラや力道山に典型的に見られたように、他者の眼差しあるいはそのざわめく声によって主体は支えられ、時として悩まされてきました。他者の眼差しや声、それは古来、神仏の眼差しや死者の声として信じられてきたものです。戦後の合理的思考を貫徹できず、みずからの無意識の声に憑依された現在の状況において、求められているのはむしろその眼差しや声をどのように受け止めて、主体を形成していくかではないでしょうか。

ここに、宗教あるいは信仰生活の見直しが本書の主題として浮上してくる理由があります。そのなかで、柄谷行人さんの言う「超越論的」態度もまた、神仏との関係から捉え直しが可能になるでしょう。戦後日本における宗教的なものを象徴する存在を二つ指摘できます。ひとつは地下鉄サリン事件で多くの死傷者を出したオウム真理教。そして、かれらのモデルとなった戦前の天皇制における天皇です。両者は「生き神信仰」という民衆宗教の伝統を土台とする点で、著しい類似点を有します。

以下、その関係を念頭において、一連のオウム真理教事件の検証からはじめて、議論を天皇制へと展開していくことにしましょう。それは「謎めいた他者」との関係を踏まえた宗教的な主体形成の問題へとわたしたちを導くことでしょう。

オウム真理教という問い

一九九五年三月二十日、自分の乗っていた東京の地下鉄の車両が突然、駅で動かなくなりました。そして先を行く電車がひどいトラブルに巻き込まれ、急停車したので、これから先には進めないという車内放送が流れたのです。電車を降りて大学の研究室まで歩いていくと、別路線の地下鉄で来たという同僚が今配られたという号外を見せてくれました。

「地下鉄で劇物テロ」。号外にはそのような文字が書かれていました。かれは「オウム真理教がやったらしい」と口にしていました。そうです。オウム真理教がなにかをしでかすのではないかという話は、一九九〇年二月の衆議院議員総選挙での教祖、麻原彰晃の落選以来、絶えず噂されていました。その晩、自宅に帰ると、テレビのニュースでは東京の霞が関近辺の地下鉄の駅での信じがたい光景が映し出されていました。

朝のラッシュアワーに、三つの路線の地下鉄に乗り込んだ五人の信者たちがほぼおなじ時刻に、政治の中枢部の霞が関周辺で新聞紙に包まれたサリン入りのビニール袋をこうもり傘の先で突いて穴を開けたのです。乗客たちは電車の中や降りた駅の構内で、咳をしたり喉をつまらせたりして、痙攣を起こしながら倒れていきました。

乗客たちにとっては不条理に満ちた、思いもよらない事件でした。この出来事で突然命が断ち切られたり、重い後遺症に悩まされるようになったりしたのです。当人は言うまでもないことですが、家族にとってもその後の人生を狂わせる出来事になりました。夫を亡くしたある女性は、そのやり場のない気持ちを、「事の善悪の判断を欠いた被告らによって、突然不幸に見舞われた私たち家族の悲しみ、怒りは、生涯消えることはありません」と語っています。

結局、十三人の乗客や駅員が亡くなり、数千人が重軽傷を負った、前代未聞の無差別殺人事件となりました。翌々日の三月二十二日には警察によるオウム教団の各施設、山梨県上九一色村など全国二十五ヵ所への一斉強制捜査が入ります。それもまたテレビで生中継されていましたが、ガスマスクをつけた警官たちの物々しい様子は、事態のただごとでなさを物語っていました。

捜査が進むなかで、おなじサリンガスによる松本市での殺人事件、VXガスや炭疽《たんそ》菌噴霧、ボツリヌス菌の散布計画、新宿駅への青酸ガス発生装置の設置、警察庁長官の狙撃事件、創価学会名誉会長の殺人未遂など、さまざまな事件や計画が明らかになっていきました。

麻原は、近づく警察捜査を攪乱するためというよりは、かねてから信者に説いていた大量ポアを実践するためにサリンを撒いたといわれています。ポアとは間違った人生を生きている人たちを救済するためには、一度この世から抹殺するほかにないという考えにもとづく殺人です。オウム真理教の幹部は麻原の説く信仰を終末観にもとづくものとして、「麻原は大量ポア（をする者）こそが、『キリスト』だと説いていた」と説明しています。

こうした考えによれば、殺人もまた真理を実現するための救済の手段として正当化されることになります。もしそうであれば、当然のことながら、オウム事件の中核をなす、「真理のためになら人を殺してもよい」という考え方が問題になってくるでしょう。そしてオウムの元信者たちのなかにも、地下鉄サリン事件以来、「私は確かに『よい人になりたい』と思って、修行を始めたはずでした。それが結果は『悪い人になってしまった』」といった自問をおこなう者が出てきました。

たしかにかれらの問いには宗教の逆説、あるいは宗教というものがもつ危険性が示されているように思います。本章では、この問題を考えたいと思います。しかし、その前にわたしが問題にしたいのは、こうした教団を支持したり、評価していた学者たちの態度でした。論文や雑誌でオウムを肯定する発言を公にしていた学者は少人数でしたが、大学の授業でかれらのことを高く評価したり、大学内にできたオウムのサークルを支援していた教員もいました。

ノストラダムスの終末予言へのオカルト的関心を背景に、東大や京大をはじめとする各地の大学で開かれた教団の講演会が軒並み盛況であったことはわたしも記憶しています。当時はたしかに、オウム・ブームが若い学生たちの世代を中心に、そして知識人の支援者たちを抱え込んで巻き起こっていたのです。

事件後、オウム真理教に好意的だった学者たちの多くは、なぜこの教団が終末論にもとづいて人びとを殺したのかを批判的に論じるようになりました。それと同時に、過去の自分たちの行状については口をつぐむようになりました。つまり、誤ったのはかれらであり、自分ではないとしたのです。「かれら」とは教団であり、不用意にもその支持を公言してしまった一部の学者です。わたしの周辺でも、「なぜ宗教だけが責められなければならないのか」といった発言をした同僚がその出身大学で拍手をもって評されたことを記憶しています。

宗教批判の行方

しかし、あの当時、宗教や宗教学の関係者に必要とされたことは、自分を世間による宗教弾圧の被害者の位置に置くことではなく、なぜわたしたちがオウム的な暴力を支持してしまったのか、あるいはそうではないにしても、きちんと批判できない脇の甘さがあったのではないかということを、みずからの言動について糾すことではなかったのでしょうか。少なくとも宗教学者の多くは、わたしの知るかぎり、自分たちを観察者の立場に棚上げして、信仰者と自分を引き離すことで、自分を責任のない立場に祭り上げてしまったと思います。

あのとき、宗教の立場にしろ、その逆の立場に立つにしろ、ひとしく社会から求められていたことは、この事件につまずいてしまった理由をみずからの立場において引き受ける発話をおこなうことだったと思うのです。事実、そのような発言は小説家の村上春樹さんもおこなっています。

カルト宗教に意味を求める人々の大半は、べつに異常な人々ではない。落ちこぼれでもなければ、風変わりな人でもない。彼らは、私やあなたのまわりに暮らしている普通……の人々なのだ。……それは私であるかもしれないし、あなたであるかもしれない。私たちの日常生活と、危険性をはらんだカルト宗教を隔てている一枚の壁は、我々が想像しているよりも遥かに薄っぺらなものであるかもしれないのだ。(『約束された場所で』)

その意味で、オウム教団は、ごく普通の若者たちが抱える悩みや不安に上手く対応したのです。「苦しみにあえぐ、より多くの人びとを救うことができるのだ。そのための手段が修行なのである」という信者の言葉は、なぜオウムがあれだけ多くの若者たちの心を摑んだのかを如実に物語るものでしょう。たしかにその点で、「なぜ宗教だけが責められなければならないのか」という問いは、宗教者のみを問題視し、社会に潜在する問題を看過する口実にたいしてもちいられるとき、妥当な反論だと言えるでしょう。

もちろん、すべての宗教が人を殺すものだと言いたいのではありません。まして学者が人を直接殺すことなど、常識的には考えがたいことです。その一方で、カルトと呼ばれる教団に見られるように、宗教を信じることが人を殺す理由になることは十分にあります。ですから、なぜ宗教関係者や学者が責められなければならないのかという問いも成立可能であると同時に、彼らがなぜつまずいたのかという問い方も可能なものなのです。それにたいして、イアン・リーダーさんという、オウム研究で知られるイギリスの宗教社会学者は、宗教の本質をつぎのように定義づけました。

宗教は空洞の容器だ。それ自体は善でも悪でもない。そのいずれにもなりうる容器なのだ。（*A Poisonous Cocktail?*）

この容器に人間がなにを盛り込むかで、宗教の内容はその都度決まっていく。それが人間の行為である以上、宗教の本質を善か悪かの二者択一的に決めることはできないと、リーダーさんは話してくれました。

では、その両側面に共通する宗教ならではの形式とはなんなのでしょうか。わたしはその特質を知りたいと思いました。オウム事件が引き起こした問題を学者として「批判的」に分析するのが宗教を研究する者としての務めだと考えたからです。

日本語では「批判」という言葉は否定するという負の意味をどうしても帯びてしまいますが、英語で「クリティカル」と言う場合は、そうした否定ではなく、肯定的に捉え直すための相対化作業とでも呼ぶべきものなのです。そうです、「批評」あるいは「批判」という言葉は、「われわれ」が自明視する価値観を、「われわれではない人たち」——哲学では「他者」と呼びます——にたいして、開いていくことを意味します。それは自分たちの考えを一方的に相手に押し付けることを意味するものではありません。

「他者」、すなわち「わたしはあなたの考えていることに同意できませんよ」という人たちを前にして、自分の考え方を再検討し、他者に開かれた価値観を新たに模索していく、ともに変わるための肯定的な作業なのです。そのために、「わたしたち」のもつ価値観を疑う行為こそ、柄谷さんが「超越論的」態度と名づけたところのものでもありました。

神秘体験と全体主義

その時期、日本に影響を与えたのが、カルチュラル・スタディーズという学問でした。それはスチュアート・ホールという、ジャマイカ出身のイギリスの社会学者が地方の夜間大学のなかで教えはじめたもので、一見すると当たり前にみえる文化現象を政治的な文脈のもとで捉え直すというイデオロギー論にのっとったものでした。

文化現象のなかでも、宗教者はみずからの信仰について、それを生み出した文化的土壌や政治的状況を超越していることを主張する傾向にあります。だからこそ、そうした純粋さや中立性の願望がどこからくるものなのかを再検討するにはこの新しい学問がふさわしい方法論であるように、わたしには思えたのです。

事実、一九九六年には『思想』（岩波書店）や『現代思想』（青土社）という、当時日本の知識社会を牽引していた雑誌がカルチュラル・スタディーズの特集を組むことになります。わたしもその流れのなかで、神道学や宗教学という宗教に関する学問が近代日本を取り巻くどういった政治的状況のなかから生まれてきたのかを考察した論文を、宗教学での実質的なデビュー作として発表することになりました。

近代日本社会が西洋世界に窓を開いていくなかで、「宗教」や「神道」という言葉自体に、キリスト教のプロテスタンティズムの宗教理解の影響によって、近世までの日本での理解とは異なる意味が形成されてきました。一言でいえば、それは個人の魂の救済を第一の関心事とするということです。社会的な活動としての宗教ではなく、宗教は社会とは切り離された個人の内面というものを前提とする心の救済活動と考えられたのです。

それは人間の内面とは普遍的に存在するものであり、集団を通して自己の内面と接する日本人は内面が未発達であるという自己理解をもたらしました。しかし、わたしは、むしろそうした理解は西洋のキリスト教、特にプロテスタンティズムに固有の価値観であり、元来優劣をつけられるものではなかったことを明らかにしました。近世の仏教では内面よりも、むしろ葬式といった身体儀礼が重んじられていたのです。

「今日のお坊さんの読経の声はいい声だったね。ありがたい気持ちになるね」。

かつてわたしの両親も法事に出ると、そのような感想を述べ合っていたものです。一般の民衆は今でもお経の中身よりも、その儀礼のとり進め方に感銘を受けるものです。神道では、教義をもたないことが積極的に美徳とされてきました。個人の内面を対象とした教義というものにかならずしも重きをおかない理解が、近代以前の日本宗教には一般的だったのです。一方、まだ少年にすぎないわたしは、経典の中身を知りたいと仏教学の本を買ってきて、分からないなりに、お経を思想として読み始めたのでした。

わたしにみられるような近代プロテスタンティズム的な価値観を念頭におくならば、柄谷さんの言うような超越論的批判もまた、個人が神と個別につながることで生じてきたものであることが明らかになります。個人の内面は、それが配偶者であっても親であっても、覗くことができません。だからこそひとりひとりが神の子であり、他人には理解できないその個性を、おなじ神の子として尊重すべきだという、西洋の個人主義的な理解も出てくるのです。

それは人間同士といった、水平的な横のつながりよりも、神とひとりひとりの人間が結ばれる垂直的な縦の関係が優先する理解です。少なくとも、西洋的な意味での批評はこうした一神教的な超越論的態度――すなわち周囲におもねることなく、共同体を超越する姿勢――が、徹底したかたちでの共同体の価値観にたいする批判を可能にしたのです。

それにたいして、日本では横の関係が優先されますから、神との関係の前に人間同士のつながりがあって、たがいの心の内が理解できるという前提が存在します。その人間のつながりを神仏が支えるかたちで、宗教が人間の日常世界に関わっているのです。そこでは、神仏というのは天から人間を見つめるものというよりは、人間の住む世界を支える大地のようなものなのです。

だとすれば、超越論的な批評もまた、共同体から完全に分離したものではなく、むしろ共同体の価値観に即したかたちで機能してきたのでしょう。この点については、神秘主義の経験をめぐるオウム教団の理解の仕方に端的に表れています。信者たちが麻原に帰依した原因のひとつには、強い神秘体験への憧れがあったからです。

実際、それは薬物によって引き起こされた体験でしたが、その体験を通して信者は麻原という「イコン」への帰依を深めていきました。問題は自分がなくなるような神秘体験が麻原への帰依に収斂していくところなのです。それによって、信者の自分はなくなって、代わって「最終解脱者」をよそおった麻原の自我に占拠されてしまうのです。事実、麻原は自分の「クローン」になることを信者に望んでいたと明言していました。

自我の放棄が、教祖という生身の人間のエゴの肯定になってしまったところが、オウム教団の根本的な欠陥であったわけです。こうした、自己放棄をして特定の権威に一元的に服従するシステムを、ハンナ・アーレントは「全体主義」と名づけました。全体主義とは個人の異なる意見が認められず、外部の情報から遮断され、それに反するものは処罰されるシステムを備えています。

オウム教団における密告システム、情報遮断、そして死刑にいたる体罰。これらは、スターリン支配下のソ連、ヒットラーのナチス、社会主義であるかファシズムであるかを問わず、全体主義として括ることのできる支配体制なのだと、アーレントがその共通性を抉り出したものと、同一のものです。

多くの日本人は連想することをためらいましたが、オウム信者の麻原への服従は、教団の信者や外国の研究者にとっては、戦前の天皇制を想起させるものでした。しかも全体性への同化を、「聖なるもの」の一部になるという奨励すべき行為だと思わせるところまで、そっくりなのです。麻原が天皇のポアを試み、かわりに自分が「日本の王」になると口にしていたこともまた、全体主義の思想からすれば当然の帰結なのです。

思想家のミシェル・フーコーはこうした統治システムを、「真理と権力」からなる「規律権力」と名づけました。フーコーによれば、人間の主体を作り上げたり、アイデンティティを構築する権力とは、みずから進んでそうなりたいと感じざるをえない真理というかたちをとってしか作用しないものです。では、そうした権力は偽りかというと、必ずしもそうではありません。権力は機能不全に陥ったときでなければ、暴力的強制というかたちを表立ってはとらないものだからです。率先して言うことを聞く子どもを罰する教師などだれもいないでしょう。従わないときにはじめて、教師は子どもを罰するのです。教師こそ、クラスの秩序を成り立たせると同時に排除もおこなう、教室を取り仕切る権力なのです。

すべての権力が押しなべて悪いと言いたいのではありません。むしろどのようにその真理への欲求を用いるか、主体の構築のしかたが問われるべきなのです。わたしは権力の中枢にある権威というアイコンを「謎めいた他者」と呼んでいますが、その他者とどのような関係を作るかで、全体主義の社会にも、そうではない社会にもなりうるものだと考えているのです。

その真理と権力の関係がネガティヴな悪夢として現れたのが、オウム真理教であったわけです。そうした神聖なる王を冠に戴く全体主義は、戦前の天皇制国家が典型です。麻原が「最終解脱者」であるみずからを頂点として、宗教体制のもとに省庁制度を作り上げたことも偶然とは言えないでしょう。

オウムの信者たちは、戦後の日本社会を「経済成長と共に、『経済的に、物質的に、豊かになることが幸せなんだ』というような価値観が広まった結果、その中において精神性を失ってしまった日本の現実」として認識していました。

たしかにそれは正しい認識であったと、わたしも賛成します。高度経済成長やバブル経済によって過度に偏った消費主義。そこでは、生きることの意味やおのれを成熟させることの意味は求められませんでした。それは高度経済成長が華やかなりし頃の一九六〇年代の学生運動期からヒッピー運動とともに指摘されていたことでした。

その都度、運動者たちはオルタナティヴな社会を模索すると言いつつも、自分のエゴの肯定に終わってきたような気がします。過激派の内ゲバ、ヒッピーたちの性的快楽への没入。まるでオウムの悪夢のさきがけのようです。そろそろオウムに代わって、日本の社会は別の答えを出さなければなりません。とくに、それが思想家や宗教者たちに求められているのです。村上春樹さんは、自分たち小説家の務めとしてつぎのようなことを述べています。

結局のところ麻原の物語で固められたものを溶かすには、別の物語を持ってくるしかないんじゃないかと。……僕は思うんですが、今の世界は何かおかしい、どこか間違っているという感じ方は、ある意味では正常です。……だから「そんなことやめて学校に行きなさい。会社に行きなさい。それが正しいことです」なんて僕には簡単には言えない。ただしそのようなネガを飲み込むより大きなポジがあれば、それはうまく行くと思うんです。……結局のところそれは善悪の勝負というよりは、スケールの勝負になるんじゃないかと思います。(『約束された場所で』)

ここで言う「物語」とは小説だけではなく、表現行為を通したわたしたちの生きる世界の理解のしかたのことです。それは学問でも芸術でも宗教でも担いうるものだとわたしは信じています。

救済という逆説

近年、日本宗教史では救済の問題がお墓の有無の観点から論じられるようになっています。お墓が重視されるようになったのも近世の葬式仏教と呼ばれる風習が定着するようになってからで、それまではお墓はどうしても必要とされるものではなかったという興味深い見解が出されています。

わたしが暮らす京都にも、鳥辺野《とりべの》という古代から連綿と続く葬送地があります。古い絵図を見ると、多くの死体が墓石や墓標もなく、腐乱したままに放置されています。わたしたち現代の人間はそれを見て、お墓をもつことのできない人間のいる中世の貧富の差、あるいはお墓を必要としない蒙昧さを気の毒に感じてきました。

しかし、日本思想史家の佐藤弘夫さんによれば、すでに救われているのだから、特別の埋葬施設も必要がなかったのではないかという解釈も可能になるのです。自分の救済に不安が生じたときにこそ、目に見える埋葬施設という確かな証しが必要になるのだというのです。

一方、プロテスタンティズムの場合を考えてみましょう。カトリックでは免罪符を購入することで、来世での救済が保証されるとしていました。短絡的かもしれませんが、近世日本における墓石の出現に類比させることができるかもしれません。他方、そうした免罪符を批判して登場したプロテスタントにおいては、自分が救われたいという願望自体を放棄することが「敬虔さ」として推奨されたのです。

すなわち、救われるか救われないかは人間の思慮で決めることのできるものではなく、あくまで神の恩寵にゆだねられるものだと説かれたのです。わたしからすれば、それは救済の願望の放棄のように思われます。人間の裁量では救われるか否かが決められない状態にある自分を受け容れることで、救われたいと思うことを人間の我欲として突き放すことに成功したと思うのです。

そうすることで、救われるか否かということ自体に拘泥しない精神状態がもたらされると言ってもよいのではないでしょうか。そうした視点に立てば、救済とは、こうした救済という問題を離れる精神状態そのものと言うことができるのかもしれません。苦しみから救われたいというのではなく、そうした救済を諦めて苦しみを受け容れること自体が、すでに救済されていることの証しのように思われるのです。

たしかに、普通の人間にとってそれはきわめて困難なことです。しかし、それでもなにかを諦めることでしか、わたしたちはなに者かになることはできないのです。それも真実だと思うのです。麻原の抱える問題のひとつは、自分の幼児的な万能感をきちんと葬ることができなかったことでしょう。そこから自分が「最終解脱者」であるといった誇大妄想も湧き上がってきたのでしょう。

そうした万能感はじつは自分の無力感と表裏一体をなすものです。その弱さを自分が受け容れられないがゆえに、こうした極端な万能感に逃避せざるをえなかったのです。逮捕後、裁判が続くなか、弟子たちの相次ぐ離反にあって、麻原の精神は瓦解していきますが、それはかれの「最終解脱者」という自己理解が、惨めな現実から目を背けた範囲でしか成り立たないものであったことを証明することになってしまいました。

自己の万能感が切断されたとき、そのエネルギーは抽象化されて、芸術や宗教といった表現欲求が生じます。一方、その切断がないままに、表現や救済行為にかかわると、自分がその行為の体現者だと誤解してしまい、自我肥大が起きてしまうのです。その典型的な例が麻原といえるでしょう。

宗教社会学者のマックス・ウェーバーは、人間がこうした不安に満ちた欲望の宙吊り状態に耐えられなくなるとき、プロテスタンティズムにおいてもカトリックの免罪符と同様に、救済の証しを求めるようになると言っています。そこで神の意志に沿う生活を送っている証しとして、倹約に代表される慎ましさが宗教的な倫理として求められます。

それが目に見えるかたちで表れたものが貯金です。贅沢を遠ざける生活をしていれば浪費しないので、結果として貯金が神の意に沿った日常生活を送っている何よりの証拠になると解釈されるわけです。お金持ちであればあるほど、来世での救済が保証されるという、結果と原因が逆転した主張がなされます。世俗的な経済活動に長けた人間にこそ、宗教的な救済までが与えられるということになりますね。

そこにウェーバーは、プロテスタンティズムの倫理が資本主義の精神を生み出したという論理を見出したわけです。言うまでもなく、かれはそうした論理的展開を賞賛しているのではなく、むしろそこに精神的な堕落を認めたと言うべきでしょう。救済願望の我欲が相対化されないままに、素晴らしい行為として肯定されてしまったのです。

こうした観点からオウム真理教の救済をめぐる言説を検証してみましょう。麻原は個人の内面を基点にして、救済の有無を通して信者たちをコントロールしていたことが、信者たちの発言も含めて、しばしば指摘されています。そこでは、麻原の指示に従わなければ、地獄に堕ちて、救われる可能性がなくなると脅されていたのです。

しかし、それが我欲や内なる不安から出たものに過ぎなかったことは、今では教団の信者たちも認めるとおりでしょう。脱会者が後に自己批判したように、そもそも「解脱だとか、成就だとか」といった問題設定が、「エゴを満たす手段」でしかないものなのです。本当に解脱したければ、解脱という欲望そのものが消えてしまわなければならないことは、世俗的な人間であるわたしにもおおよそ推察できることです。

わたしの友人と京都の三十三間堂を訪ねたときのことです。数え切れない千手観音が並ぶ荘厳なお堂をめぐりながら、かの女はつぶやきました。

「人間の救済への願いがにじみ出ていますよね。たがいの苦しみが分かっていたとしても、人間は眼前の相手さえ救う力を持ちえないのだと思うんです。わたしたちが救われるかどうかは人間には決めることができないから、仏さまにお願いするほかないのだと思うんですよ。ここにいらっしゃる仏さんの彫刻は人間の救済への切なる、死に物狂いの努力の顕われのように思えてなりません」。

そのときです。一瞬にせよ、孤立した心と心をつなぐ、謎めくなに者かが舞い降りたように感じました。人間はたがいに相手を救えるような神仏ではない。ただの煩悩ある存在である。そうした認識を共有したことで、孤独な心が孤独なままに共鳴したのだと思います。

たしかにオウム教団は現在の消費主義や拝金主義の社会を批判する点では正しかったのだと思います。ですが、自分自身にもそうしたエゴが存在することを認められず、かれらとは違う「正しい自分」という欲望を肯定してしまったのです。

人間はむしろ救済にすがって救済からこぼれおち、救済を手放したときにこそ救済されるのです。目的地を手放したときにこそ、目的地は思いがけないかたちで現れるものなのではないでしょうか。

誇張された終末論

オウム真理教の教義は、南アジアの仏教伝統を踏まえたものという自己主張にもかかわらず、内面の救済に固執する近代プロテスタンティズムの影響下に成立したものといえます。なぜならば南アジアの仏教もまた、近代プロテスタンティズムとの接触のなかで、日本の神道や仏教がそうであったように、みずからを近代的な主体にアピールできる宗教へと改編していかなければならなかったからです。

それは善し悪しの問題ではなく、近代の空間に生きるということは、こうした西洋近代的な論理になんらかのかたちで対応していくことを余儀なくされるという意味で、宗教もその例外ではないということを示しています。西洋列強という宗主国の影響の外側に出るのは容易ではないことを説くポストモダンの思想やポストコロニアニズムの思想がここでも再確認されるのです。

「ポスト」の思想とは、純粋な内部か外部かという二分法的思考にたいして、そうした二分法を作り出しているのは人間側の思考に他ならないという根本的な批判を提起するものです。こうした問題は、内面と外面といった枠組みにとどまるものではありません。善と悪の二分法といった思考の枠組みについてもまたあてはまるものとなっています。

元信者たちが語るオウム教団の教義には、みずからを全面的に善として、それに対立すると想定された相手を悪とする二元論的な発想が色濃く見られます。麻原の妄想では、フリーメーソンは世界を破滅に追いやる集団で、アメリカ人やユダヤ人、ひいては日本政府と併置され、いずれも真理に目覚めたオウム信者を殺害しようとする集団とされます。そこで予言される世界の破滅がハルマゲドン、すなわち稚拙な世界観にすぎないにせよ、終末思想の一種なのです。

一九七〇年代以降のスピリチュアルブーム、そして『宇宙戦艦ヤマト』（テレビ放送一九七四年、劇場版一九七七年など）や『風の谷のナウシカ』（一九八二―九四年、劇場版一九八四年）、あるいは『北斗の拳』（一九八三―八八年、テレビ放送一九八四―八八年）など、繰り返し放映されたアニメや漫画では、核兵器によって世界の秩序が瓦解したあとの、ディストピアに生きる人びとの世界が映し出されていました。麻原もまた『宇宙戦艦ヤマト』のストーリーに魅了されていたことはよく知られています。

それは核戦争で地球が汚染・大破してしまった人類のために、宇宙戦艦ヤマトに乗り込んだ勇者たちが、放射能除去装置を求めて、それを妨害する邪悪な異星人と戦いつつ遠い宇宙の果てまで旅をつづけるという物語です。その放射能除去装置とほぼ同名の、毒ガスからみずからを守る空気清浄器をオウム教団は開発していました。かれらは自分の教団施設内で毒ガスを製造するのですが、その密封度の低さから施設内にガス漏れが起きてしまうため、しばしば清浄器を必要としていたのです。

自分たちがヤマトの乗組員とおなじように人類を救う存在であるという選民意識、穢れた世界を象徴する核への恐怖、みずからの行く手をはばむとされる仮想敵、そして救世主にみずからをなぞらえた教祖。それはみごとなほど、オウムの一人よがりのヒロイズムを体現したものでした。それだけではありません。こうした世界観は、戦前の大日本帝国の盟主意識の再現でもあったのです。

アジア諸地域を西洋列強から救う使命を負った日本民族という選ばれた民、それを率いる現人神《あらひとがみ》である天皇、鬼畜米英と呼ばれる仮想悪の存在。その結末として、核や毒ガスが散布される不安、そして自己防衛としての仕返し。第三次世界大戦の勃発によって広島に核投下が引き起こされると麻原は幻視していたようです。

ベストセラーになった『ノストラダムスの大予言』では、「恐怖の大王が空から降ってくる」という文言があって、日本では随分不安が煽られたものです。そんななかで麻原が広島の核投下にたいして強い関心を示していたことが、かれの著作から窺われます。そもそも熊本に生まれた麻原の視力が失われたのは、水俣病とかかわりがあるのではないかといった噂も流れていました。そのこともあって、かれは無意識のうちに被爆や汚染を極度に恐れていたのかもしれません。

さらに驚くべきことに、かれは天皇を毒殺し、自分が現人神たる天皇の座に新たに就こうと画策していました。手軽で稚拙なものゆえに、そうした世界観が、若者たちの感情に訴えるものになったのでしょう。そして、天皇とはまさしく日本の民衆宗教である生き神思想を代表するものですから、教祖としてみずからを生き神になぞらえるときに、天皇に言及するのは、おなじく神人であるイエス・キリストと同様に、麻原にとっても信者にとっても分かりやすいアイコンになりえたのです。

相次ぐ地域紛争や核兵器開発の拡大、環境破壊など、当時漠然とであれ世界の終末を感じていたのは、オウムの入信者だけではなかったはずです。それを「煩悩渦巻く現世」と括ってしまったのは麻原の誤りであったにしても、そうした不安をかもし出していたのが、一九九〇年代のバブル経済崩壊後の社会であったことは間違いがないと思われます。

ただしオウム教団の場合、そうした煩悩に染まった人びとはみずからの力で解脱する、すなわち真理に目覚めることはできないとして、かえって殺害してあげたほうが、つぎの世では少しでも高次の精神的状態のもとに生まれ変われると考えます。蒙昧な相手を救うためにあえて殺人という大罪を犯すのですから、その殺人行為はいつのまにか慈悲に満ちた行為として肯定されることになります。

「ヴァジラヤーナ」というのは、南アジア系の密教をオウム独特の解釈によって捻じ曲げた、こうしたポア（殺人）を肯定する教えのことです。

そうした行為が、いかに他者の存在を無視したものであったか、裁判を通じて真実が明らかになるなかで、元信者たちは知ることになりました。「〝他者〟がまったくいない、グルと自分だけの世界……」。そうした元信者が抱いた感慨は、じつのところ、サリン事件の実行犯がその現場で感じていた当惑でもありました。

現実の重さ、命の尊さに触れたことで、実行犯は自分の行為が他者の尊厳を蹂躙するものだと気がついたのです。信者がみずから言うところの「〝他者〟がまったくいない、グルと自分だけの世界」に亀裂が入る可能性が、この重大な瞬間に生じました。自分の目の前に、ぬっと他者の顔が突き出されたのです。このときにたしかにかれは、それまで否認していた現実の断片に触れたのです。

しかし、この幹部は他の実行犯とおなじように、麻原の顔を思い浮かべ、「真理を守るためなのです。戦争なのです。高い世界へポアされてください」と、オウムの教えにすがることで、その気づきに目を塞いでしまったのです。

構造と主体

真理に気づいた「わたしたち」という「善」と、愚かな「かれら」という「悪」。「純粋なもの」と「穢れたもの」、「正しいもの」と「邪悪なもの」。かれらが描く二元論的戦いでは、一方の勝利しかなく、両者のあいだの交渉はおろか、こうした二項対立の枠組み自体を問い直すことはまったくありませんでした。こうした二項対立は、じつはオウムやプロテスタンティズムだけでなく、神道や仏教など、日本の宗教伝統でも色濃くみられる思考パターンでした。極度の清浄さへの志向は、穢れを一身に背負った存在を他者として思い描かせ、非人や犬神人《いぬじにん》などの被差別民を共同体から排除する強い動機をなしてきたのです。

本来、仏教ではそうした二元論的世界観を、すべての現象を空として観ずる立場によって克服することが説かれます。すなわちいかなる善と悪の二分法もたがいを必要とする対に過ぎず、その評価は時代とともに移り変わりゆくものだからです。たしかにキリスト教も二元論にもとづく思考傾向を有するものです。しかしその思考を深めていくならば、かならずその二分法を脱臼させて、内部のなかに外部を、同時に外部のなかに内部を見出すものへと導かれていくとわたしは思っています。

しかし、麻原は空を観じたみずからを一方的に善にとどめ、このような相対的な世界の一部としてみずからが存在することを止めてしまいました。自分が正しいと思い込むためにこそ、対立存在を邪悪なものに仕立て上げるという、典型的な二項対立の思考に陥ってしまったのです。

だれかに穢れを背負わせることでしか、自分の清浄さを語れないことに、かれは最後まで気づきませんでした。日本宗教の典型的な誤りがそこにあったにもかかわらず、オウム教団もまたそれを繰り返してしまったのです。ここにかれの最大の過ち、生身の人間である自分を一方的に神格化した過ちがありました。麻原は最終解脱者の自分自身として、かつてこう宣言しました。

私はここに宣言する。私は今世紀最後の救済者であると。また、オウム真理教は、私自体が（ノストラダムスの）予言詩にあるとおり神である証明として、今年中にマハー・ムドラーの成就者を四十人出し、神の団体となっていくだろう（江川紹子『救世主の野望』）

これを生き神思想の一種と理解しないならば、どのように考えたらよいのでしょうか。生き神思想とは、キリスト教と同様に、日本の民衆宗教にも広汎に見られる宗教現象です。天理教の教祖の中山みき、金光教の教祖の赤沢文治、大本《おおもと》教の教祖の出口なおなど、枚挙にいとまがありません。それらは、オウム真理教による資本主義批判のさきがけといえるものです。では、オウム真理教の教祖、麻原はどこで、先達の生き神たちと異なる道を歩んでしまったのでしょうか。その分岐点をわたしたちは見つけ出し、考えなければならないのです。

普通の生真面目な若者たちがオウムに入信していった理由を社会全体の問題として考えるために、それはどうしても必要なことになると思われます。ここで、第2章で紹介した精神分析の「症状」という観点をあらためて思い出すことになります。「症状」とは、その提唱者のジャック・ラカンによれば、それを生み出した社会全体の問題です。「正常者」と呼ばれる人間を生み出すために、社会はかならず「異常者」を必要とします。そのメカニズムそのものが社会構造です。犯罪もまたそうした「異常者」を生み出す社会構造が問われなければ、個人をどれだけ処罰しても後を絶たないでしょう。

他方、おなじ社会構造のなかで、個々人の育つ環境があまりに違うとしても、その社会構造の病巣にたいしてどのように正気を保っていくかという点で、やはり個人という主体の責任が不問に付されてしまってはいけないと思います。個人として罪の責任を問うことが、わたしとかれを区別する法的な次元とすれば、個人を生み出した社会背景を論じることは、わたしとかれの双方をふくむ社会構造そのものを分析する学問的な次元となります。

ときに、加害者をめぐって、同情するのか責任を問うのかという二者択一的な問いがなされることがあります。しかし、人間が個人であると同時に社会的な存在である以上、そのふたつの次元において問題はともに論じられていかなければならないのでしょう。個人と社会のあいだで考える。それが本書の取るべき視座なのです。オウム教団の起こした事件に深い関心を寄せる村上春樹さんは、そうした思考の欠如をこの教団の問題点として指摘しています。

個人としての麻原彰晃が、組織としてのオウム真理教が、多くの若者に対してなしたのは、彼らの物語の輪を完全に閉じてしまうことだった。厚いドアに鍵をかけ、その鍵を窓の外に捨ててしまうことだった。（『村上春樹　雑文集』）

大本教や天理教さらには金光教の資本主義批判は、資本主義のもたらす経済的格差によって生じた他者の苦しみを救うためのものでした。しかし、オウム教団においては資本主義は自分たちを破滅させるものであり、その教義は他者よりも自分たちを救済するためのものでした。そこにもまたオウム教団に色濃くみられる自己没入、すなわち過度の自己愛が観察されたのです。

神秘体験に代表されるように、他者との融合が目的とされてしまうとき、他者は他者ではなくなり、己となってしまう。そのときに孤独を代価とする思考する自由も失われ、他者の我欲の一部に服従するクローン人間に堕してしまいます。それが麻原の説く世界だったのです。事実、元幹部の一人は、「選択の自由、思考の自由は、自分の選択が間違っているのではないか、そしてその責任は自分が負わなければならないという孤独さでした」として、オウムにおける思考放棄の動機が孤独に耐えられないことにあったと自己批判しています。

あるいは別の元信者は、人間が集団化されることでもたらされる暴力のおぞましさを、「集団化は人間の理性を眠らせ、心の奥底にひそむ闇の深さを浮き彫りにしてしまう」として、オウムの集団としての特質を振り返っています。それは天皇制の下に全体主義に盲従していた日本軍が、三光作戦――焼き尽くす、殺し尽くす、奪い尽くす――と呼ばれるような残虐な行為をアジアでおこなっていたことにも共通しています。かれらもまた日本本土に戻れば、よき夫であり、よき父親でした。まるでナチスのアイヒマンのようです。そこには「凡庸な悪」と呼ばれる、思考を放棄した普通の人間にこそ悪が宿るというアーレントの指摘が思い起こされます。

しかし、それをアイヒマンや、戦前の日本軍、あるいは麻原とその弟子たちのみに押し付けることなく、わたしたちの社会が生み出した自分の問題として引き受ける必要があるでしょう。繰り返しになりますが、「かれら」だけが問題なのではありません。「わたしたち」の問題でもあるのです。かれらが常軌を逸しているのだとすれば、それを生み出した戦後の日本社会もまた常軌を逸していることになるのです。

悪の問題については、後の章で詳しく考えてみましょう。いずれにせよ、オウム真理教事件のときの学者たちのように、対岸の火事として問題を非本質化してはなりません。そうした陥穽に落ちこまないためには、オウム教団を生み出したのはまぎれもない戦後の日本社会なのだという痛みを自分の問題として認め、村上さんが言うように、「我々はこれからもずっとその痛みを、自分の痛みとして引き受け、感じ続けていかなくてはならない」のです。

一連の事件の責任を押し付けあう麻原と元幹部たちの姿は、たしかに宗教者としては見苦しいものです。わたしにとってそれはアジア・太平洋戦争における昭和天皇の戦争責任の回避を思い起こさせるものでした。本人の意図がどれほどだったにせよ、多くの人間を含む組織において一人の人物の意図が百パーセント反映されることなどありえないのですから。

天皇制とオウム真理教

戦前の大日本帝国については、その体制が天皇主権であったことを思えば、やはり天皇は退位といったかたちで国民にたいして、そして外国にたいして責任を取らなければならなかったはずです。それが占領軍の日本統治の都合で、そして昭和天皇も自己保身を望んだことで、戦犯としての処罰や退位が実現しなかったことは、戦後の日本社会にとっては初めから暗い影を投げかけるものとなりました。

昭和天皇は敗戦を迎えた後のマッカーサーとの会見で、「一身はどうなっても……責任はすべて私に」と語ったといわれています。あるいは「自分を処刑してもらいたい」と言ったとも伝えられてきました。それゆえ、かれは戦後日本社会の象徴に相応しい存在と、国民たちから多分に考えられてきました。しかし、近年の研究で実際には、「東条が私をだました」と語ったことが明らかにされました。

身を挺して国民を守って来た天皇。そのイメージがあったからこそ、多くの国民は戦前の主権者から、戦後の象徴天皇への変化を支持したのだと思います。しかし、実際のところは何よりもみずからの保身を優先し、戦後の体制を作るために引き続き政治的君主として舞台裏で振る舞っていたというのです。そのなかで、「天皇の意を体した戦争」が「天皇の意に反した戦争」にすりかえられ、天皇と国民がともにだまされた被害者として語りなおされることになりました。

そして天皇が免責される一方で、A級戦犯たちが処刑されることによって、天皇を象徴に戴く国民たちもまた戦争責任はなかったという自己認識をもつようになりました。昭和天皇の自己理解とおなじように、決定権のないままに一部の軍部や政治家の暴走に巻き込まれたのだという、自分に都合のよい理解に固着してしまったのです。歴史家のジョン・ダワーさんは、戦後、日本と合衆国は「〔日本の〕」(〔　〕は引用者による注記。以下、同様)敗北を抱き合った」と、その共犯関係を表現しましたが、国民と天皇もまた、一部の戦犯に自分たちの責任も押しつけることで、純粋な平和国家としての日本を作り出したのです。

ここにおいても、逸脱と正常という二分法のなかで、自分たちを正常の側に置くという、くだんの否認の論理が作動したのです。おそらくこうした否認の態度は、戦後のスタート地点から日本社会を民主化するエートスになってしまいました。その結果、自分が主権者であること――それは権利の主体であると同時に責任の主体であるのです――を、天皇も国民もまた、自分の手で放棄してしまったのです。

国民という法的な主体として主権者になることは、本来、先人たちの犯罪にたいする責任を引き受けることであり、傷つけられた人びとにたいする謝罪をおこなう主体になることでもあります。戦後日本の反戦運動にしても、原爆や空襲を体験した被害者の立場からのもので、自分がアジア諸国にたいする加害者であることはしっかりと見定めることができませんでした。

オウム教団もまた、擬似天皇である最終解脱者も、擬似国民である信者も、みずからの責任を否定し、教団自体が主体的に罪を引き受けることで前を向いて社会のなかで再生していく権利と責任を放棄してしまったのです。オウム教団の信者たちも、麻原にだまされた、強制されたというだけでなく、かれの言葉を実行していった自分たちの心の弱さ、ともすればかれに投影することで目をそらしがちな自分たちの心の闇をしっかりと見つめなければならないでしょう。

では、麻原はどこで自分を見誤ってしまったのでしょうか。「最終解脱者」という自己の神聖化のなかで、かれはつまずいてしまったとわたしは考えます。のちに、オウム教団の元幹部は麻原の現人神思想を批判して、つぎのように教団としての誤りを指摘しました。

一番の間違いは、現人神信仰。これがあるから、「我々は神の集団」ということになり、神の言葉を実現するためには目的を選ばなくなってしまった。これが、オウムの一番の教訓。人間は神にはなれないし、神にしてはいけない。神をあがめても、神になろうとしてはいけない。それが、今の自分の宗教観。けれどもオウムでは、旧代表〔麻原〕が最終解脱者であり、神になってしまった。（江川紹子『オウム事件はなぜ起きたか』）

問題は、生身の人間のなかに見出される神の要素をどのように位置づけるか。それによって、生き神思想は内部に存する外部にも、内部ではない完全な外部にもなりうる、やはり両義的な性質をもったものでした。

人が神になるとはどのようなことなのでしょうか。金光教の教祖、赤沢文治の言葉に耳を傾けると、それは自分がそのまま神さまのように偉いということではなく、仏教の教えのように、みずからのなかに仏性、すなわち神の子どものような輝く善性を見出すことなのです。いいえ、見出すというのも少し違います。もともと備わっていた神性に気づくということなのです。ただし、気づかないうちは、神は姿を現すことはないのです。

それは現人神を主張してきた戦前の近代天皇制のように、個人の資質や努力とは関係なしに、神であることが保障されているというのではありません。天皇制の歴史においても、中世では天皇が魔道に堕ちたり、観音になったり、みずからの行いによって来世が決められるという話があります。さらに、金光教の教祖である赤沢文治の「凡夫で相分からず」という発言は、生き神信仰において人性と神性がどのように関わり合うのかを考えるために重要な示唆を与えてくれています。

生き神信仰

江戸後期に岡山に生まれた赤沢文治は没落しかけた農家の養子に入り、その家を建て直しました。その勢いを借りて家を増築したときに、家族や家畜が相次いで死亡するという不幸に見舞われます。

そのときの口を衝いて出た言葉が、さきの「自分は凡夫なので何も分からない」という言葉でした。それを思想史家の小沢浩さんは、「かれが思い知らされたのは、神のはかりごとがいかに人知を超えたものであるか、ということであった」と解釈しています。

こうした心境に達してこそ、人間の欲の醜さや弱さも見えてくるものなのでしょう。それと同時に、神々が人間にどのような生き方を望んでいるのかも理解できるようになります。それが人間の欲を断念しつつ、人間として神の声を人びとに取り次ぐ生き神にふさわしい認識なのです。

そのとき金光教の教祖は、「金光大神《だいじん》」という生き神を意味する神号を神から授かります。教祖だけではありません。その家族や高弟も、一子大神や金光山神などの神号を次々と授けられます。少なくとも初期の金光教においては、人間は信心すればだれでも生き神になることができたのです。人間はだれでも神性や仏性を有するという、こうした汎神論的な視点は、教祖や天皇のみに収斂しがちな生き神思想を捉え返すものとなります。

神として人びとの救済に関わりつつも、一方で自分が人間という有限な存在であることを自覚する。近代天皇制の天皇のように神として偉大な力をほめたたえるのではなく、普通の市井に生きる人間であることを徹底して理解したところに、金光教のみならず、民衆宗教の生き神が、一般の人びとの悩みや弱さも理解できるような神性をまとって現れ出る存在になりえた理由があります。

そこには神と合一した感覚はなく、他者として神が自己のなかに侵入してくる違和感と戸惑いが満ち溢れていると言われます。といって自分のなかに収まる感じではないそうです。神が自分のなかにあるのではなく、自分はその神のなかの極めて小さな一部にすぎない、という感覚なのです。宗教学では、それを「聖なるもののヌミノーゼ的な性質」——魅了すると同時に圧倒し戦慄させる力——と呼んできたのです。神がそのまま自分とイコールというのでは、他者なる存在の超越性を感じることなどありえません。

元来、神は自分にとって他性的な存在です。フロイトは意識にとって理解できない心にある働きを「無意識」と名づけました。「わたし」という主体の感覚は「謎めいた他者」に眼差されることで成り立つものなのです。「謎めいた他者」とは自分を見つめる存在ですが、それがだれなのかは時として定かではありません。この他者は正体不明にもかかわらず、自分を規定する存在。しかも、「わたし」を魅了してやまない存在。それを古来から人間は「神」とも呼び表してきたのでしょう。

そして、シャーマニズム型の民衆宗教においては、長い時間におよぶ神との交渉をとおして、その神がだれなのかを把握するにいたるのです。

民衆史家の安丸良夫は、「神がかりは、未知の神が〔大本教の教祖である〕なおのなかに住みつき、なおという肉体を通して自らを示現するという点で、まったくあたらしい経験であった」として、その独立した神の性格を、「なおにとって、この活物《いきもの》の実在感はきわめてたしかなものなのだが、それは外からなおのなかへ勝手にはいりこんだものである」と説明しました。

活物「わしは艮《うしとら》之金神であるぞよ」

なお「そんな事言ふて、アンタは妾を瞞しなはるのやおまへんかい?」

活物「わしは神ぢゃから嘘は吐かぬワイ。わしの言ふ事、毛筋の幅の半分でも間違ふたら神は此世に居らんのぢゃぞよ」
なお「そんな偉い神様《かみさん》どすかい。狐や狸が瞞してなはるねん御座へんかい」
活物「狐や狸で御座らぬぞ。この神は三千世界を建替建直《たてかえたてなお》しする神ぢゃぞ。……天理、金光、黒住、妙霊先走り、艮《とどめ》に艮之金神が現れて三千世界の大洗濯を致すのぢゃ。これからなかなか大《たい》謨《もう》なれど、三千世界を一つに丸めて万劫末代続く神国の世に致すぞよ」
なお「そんな事言ふて本真《ほんま》どすかい？」
活物「嘘の事なら、神はこんな苦労はせぬぞ」（『出口なお』）

こうした経験は金光教においてもおなじものです。金光教においても大本教においても、今日の東北地方のイタコやカミサマの場合と同様に、当初神は人間にとってその正体がわからないものでした。そのため、人間の側による神の正体探しという問答がおこなわれます。その顕著な例が、大本教の出口なおでした。

麻原もまた、家族の証言によれば、ヴァジラヤーナの主宰神と思われるシヴァ神からの「内なる声」が聞こえて、その破壊命令におののき、「いっそ死んでしまいたい」と、ひそかに苦しんでいたといいます。もしそれが本当ならば、かれもまた新興宗教の教祖たちとおなじように、正体の明らかでない神の声に戸惑っていたのでしょう。

ただし、ここで見逃してはならないことは、神の声が正しいとはかぎらないということです。それは声を聞く側の人間によって選別され、変容されて聞き届けられなければならないものです。その声は善にも悪にもなります。神はそもそも人間の分別を超えたものであり、人間側の聴く力によって、その声の内容は大きく変わるものだからです。

神を救済する

シャーマニズムの伝統においては、聞こえてくる声の持ち主がだれなのかを判断し、交渉することこそが、なによりもまずイタコや教祖らに求められる技量だとされます。村上春樹さんはこうした祭祀王的性格を、麻原をモデルにした小説『1Q84』(二〇〇九—一〇年)のなかで説明しています。

その時代にあっては王とは、人々の代表として〈声を聴くもの〉であったからだ。そのような者たちは進んで彼らと我々を結ぶ回路となった。そして一定の期間を経た後に、その〈声を聴くもの〉を惨殺することが、共同体にとっては欠くことのできない作業だった。地上に生きる人々の意識と、リトル・ピープルの発揮する力とのバランスを、うまく維持するためだ。古代の世界においては、統治することは、神の声を聴くことと同義だった。しかしもちろんそのようなシステムはいつしか廃止され、王が殺されることもなくなり、王位は世俗的で世襲的なものになった。そのようにして人々は声を聴くことをやめた。

ここから、天皇制国家が生き神思想を唱える民衆宗教教団を弾圧した理由も推察可能になるでしょう。近代天皇制は現人神たる天皇による権威の独占を不可欠とする点で、生き神を称する赤沢文治ら民衆宗教の教祖と競争関係にありました。なぜならば、民衆宗教は天皇制とは異なる生き神観を確立することで、天皇制に回収されない主体の確立の可能性を模索してきたからです。

一方、近代天皇制は、苦悩する人間天皇ではなく、完全無欠な神聖さを強調するため、他者と共存する複数性の空間において、生身の人間の葛藤や多様性を受け入れるしなやかさを欠いた信仰体系にならざるをえませんでした。オウム教団もまた、現人神の天皇制とおなじ生き神観を志向した点で、天皇制の出来の悪いパロディにしかなりませんでした。

こうした反復現象は、戦後の日本社会のなかに戦前の天皇制の残滓が克服されないままに潜んでいることを明示する出来事でもあったのです。その点で、元信者によるオウム教団のグル中心主義の批判、「〔麻原のやったことは〕心の動きを止めてしまうことだとも言える。他人に対する思いやりや関心を失い、まわりの出来事に対する判断も停止させてしまう」という言葉は、戦前の天皇制下の国民のあり方を考えるうえで示唆に富むものです。

人間的側面を欠いた宗教はもはや「生き神」ではなく、完全な「神」として教祖を祭り上げることになります。そのとき神の声を聴き取る人間は、シャーマンとしての役割を喪失します。完全な神としての「現人神」になったがゆえに、神の声を聴く柔軟性、自己の宗教者としての能力を成長させていく可能性を失ってしまったのです。同時に信者の側も受け身になり、自分たちを凡庸な人間として平準化してしまいます。ここにも、〈教祖＝神／信者＝人間〉という悪しき二分法が確認されるのです。

神は人を愛する力にも、人を憎む力にもなるのです。どちらになるかは神の声々に耳を傾けるわたしたち人間次第なのです。こうした声々に耳を傾ける行為は「傾聴」にもつながるものです。第一章で紹介したように傾聴は、震災の後遺症に苦しむ被災地の人たちを支える行為として注目を浴びています。

そのさいに声々を聴く人間側に求められるのは意識化の行為だと、分析心理学者のC・G・ユングは注意を喚起します。ユングは旧約聖書の「ヨブ記」の解釈をとおして、神は力であり、人間のような明晰な意識をもたないがゆえに、自己認識を欠いた無意識のような存在にとどまると捉えました。だからこそ、その無意識の力が人間の社会に接合されるには、人間の意識によって適切に認識されて方向づけられる必要があると説きます。善と悪が未分化な神の両義的性格は、方位の神であり、金光教の基盤とも言われる金神《こんじん》の性格を理解するうえでも役に立ちます。おこない正しき義人ヨブが、家族や財産を次々に失うといういわれなき不幸を被ったように、金光教の赤沢文治も、「金神七殺」と呼ばれる不幸を被り、回心後もまた家族の命が危険にさらされるなど辛酸を舐めてきました。

ユングの解釈によれば、ヨブは神が公正でないことに気づいたために、口に手を当てて、真実の言葉を発することを差し控えたとされます。それにたいして、赤沢文治は「凡夫で相分からず」と、みずからのいたらなさを反省することになりました。ユングに倣うならば、いずれの場合も神が善悪を分別したのではなく、人間が神の本質に気づいたということになります。

だとすれば、人間が神の存在を意識化するとは、人間が神よりも優越した存在だということを認識するといった生易しい事態ではありません。宗教の教えからすれば、人間はあくまで神という存在がなければ存在しえないものなのです。しかし人間がみずからと異なる存在であるがゆえに神を求めるように、神もまたおなじ理由でみずからに欠けたものとして人間を必要とするのです。そこから世界にたいする、あるいは人間にたいする透徹した全体性のヴィジョンが神と人間の協働作業の結果として生じてきます。

逮捕後の麻原は、弟子たちが離反して自分の責任を告発するその現実に耐え切れず精神の崩壊をきたしました。やはりそれも、生身の人間であるにもかかわらず、神であるがごとき振る舞いをしてきた反動だと思います。凡庸な人間の認識のなかにこそ神性が宿り、善悪の分からない神こそが人間の倫理を必要とする。そうした逆説を拒否して、神か人間かという二分法を選んでしまった時点で、その後の麻原の運命は定められていたのでしょう。

祟り神の転生

自分の悩みが周囲には共有できない固有のものであることを自覚したとき、その人間は周囲の世界から分離せざるをえません。それが孤独というものなのでしょう。たんに人間からの孤立であれば、どこかに自分を理解してくれる人間を探すことも可能かもしれません。

しかし、だれにも解決できない葛藤に直面したとき、それは人間の根源的孤独の問題となって、金光大神になった赤沢文治がそうであったように、神に心を向ける回心が起こるのです。そのとき人間の主体は神に向かって開け放たれ、その人間そのものが超越的な力に絶えず乗り越えられていく場に転じるのです。

超越性といってもユダヤ・キリスト教の独占物ではありません。容易ではない神と人間の対話のなかでも、祟りなす神が福をもたらす神に転じる金光教は他に類例のないものだと思います。災い転じて福となすこの信仰にしばらく前からわたしも関心をもっていました。災いをなす存在をみずから作り出し、それを差別するのが人間の歴史のつねだとするならば、それをプラスの力に転換する仕掛けもまた人間には欠かせない知恵であったのでしょう。

そうでなければ共同体から追放された存在は祟り神となって、自分を排除した共同体に祟ってしまいます。このような祟る神の例は、日本宗教史では枚挙にいとまがありません。それゆえ北野天神や靖国神社の英霊たちのように、不遇な死を遂げた者を生者が祀ることで、その恨みを鎮め、自分たちに幸いをもたらす守護神へと転生させようとしてきました。

同様に、近世の穢多・非人あるいは中世の非人と呼ばれた人たちもまた、不本意ながらも共同体から穢れを取り除く「清目《きよめ》」の役割を果たしてきました。かれらもまた共同体の公共空間から排除された存在であり、共同体の成員からは忌み嫌われる存在でした。神道で言うところの「正直」や「清浄」といった性質が保たれるためには、そうした穢れを背負わされた人間が必要とされてきたのです。

共同体の成員は、こうして排除された者たちが自分たちに恨みを抱く祟りなす存在になることも無意識のうちに察知していました。しかし、近代の日本社会では、こうした差別が現実として存在することに言及すること自体が、差別を助長する態度であるとして抑圧されてきました。差別現象の存在を否認するというかたちで、その現実は、より見えにくいかたちをとって地下に潜行していったのです。

しかし金光教の理解からすれば、祟る力が強ければ強いほど福をもたらす力も強くなります。だからこそ赤沢文治の回心に見られるように、無意識に犯した自分の罪をも悔いるような謙虚な姿勢が求められたのです。それを「神の倫理化」と呼ぶこともできるでしょう。

他方、麻原は汚れた日本社会に一方的に排除された正しき者という立場に教団の人間をおくことで、自分たちも同様に他者を傷つけうるという人間の醜さへの気づきを取り逃がしてしまいました。差別されているという被害者意識が、差別するという加害者意識の自覚へと転換することこそ、信仰者にとっては大切であったわけなのですが。

しかし、こうした自己認識につまずいたオウム教団も戦後日本社会の症状のひとつとして、わたしたち社会の成員が受け止めることで、かれらの過ちも、その過ちによって殺された人たちの憤りも、すこしは鎮めることができるのではないでしょうか。かれらを逸脱者として排除するのではなく、わたしたちの社会が生み出した病として理解につとめていくことで、行き場のないかれらの感情も落ち着きを取り戻すのではないでしょうか。

結局のところ、現人神としての麻原に魅了された元信者たちをふたたび日本社会に迎え入れることのできるような物語を準備できないかぎり、いまだわたしたちは近代天皇制の影から解き放たれていないことになるのだと思います。だからこそ、謎めいた他者の眼差しのもとでの主体形成をめぐる議論が重要になるのです。

第5章

民主主義の死

——シラケ世代と主体性論争、そして戦争のトラウマ

戦後日本において政治運動はつねに敗北してきました。一九五〇年のアメリカを中心とする西側諸国との単独講和条約締結の反対にはじまり、一九六〇年と七〇年の安全保障条約締結の反対……。日本がアメリカの政治的傘下から独立しようとするたびに、その試みは敗北してきました。今では、アメリカから本当の意味で独立して主権を回復する意欲さえ、わたしたちはもつことができません。いいや、日本がアメリカの植民地だという事実をどれだけの日本人が自覚しているのでしょうか。

現実が変革困難なとき、人間はなにも起こっていないかのように、現実の状況そのものを認めることを拒否します。フロイトがそうした心的態度を「否認」と呼んだのは紹介したとおりです。かれの議論で注目されるのは、こうした否認は現実を認めることを拒否したままでは終わらないということです。本人への報復があるのです。なにか自分に認めがたい出来事が起きたとき、意識の上でなにも起きていないと拒否すると、その反動が、原因不明の痛みや麻痺など、身体症状に出てしまいます。

一九五〇年代から七〇年代初頭まで続いた、反米独立を旗頭とする政治の季節の終わりをうけて、日本の人びとは政治的な状況を変えることに無力さを感じるようになります。社会の公共的な活動に積極的意味を見出せなくなり、内面の領域に閉じこもるようになります。

ハンナ・アーレントはファシズムや社会主義といった全体主義が支配する時代を「暗い時代」と呼びましたが、戦後の日本社会もまた、表立った物理的暴力の行使は控えられるようになるものの、やはり公共空間に関わる意志を「国民」がもちにくい社会になったのです。

政治的な無力感のなかで、若者たちは身近で私的な世界のなかに、裏切られることのない確かなものを求めようと眼差しを内向させていきました。その結果、「ポスト政治」の雰囲気は、一九六八年の学生運動の敗北と共に支配的な社会風潮となっていきました。こうした若者たちを、マスメディアは「シラケ世代」と呼びました。わたしもそうした時代の流れに棹さすひとりでした。

その時代的象徴であったのが、ジュリーこと沢田研二さん（一九四八年生まれ）でした。かれは一九六〇年代末のグループ・サウンズの時代に、一世を風靡したアイドルでした。グループ・サウンズとは一九六六年のビートルズの来日が巻き起こした、エレキ音楽のグループのことです。長髪の中性的な風貌の男性アイドルたちが、若い情熱を恋の楽曲にこめて歌い上げたものでした。

その少し前から時代は「昭和元禄」と呼ばれる高度経済成長期に入っていました。一九五九年の「皇太子御成婚」、六四年の東京オリンピック開催と新幹線開通、人びとは戦後社会の可能性を謳歌していました。「もはや『戦後』ではない」、そんな宣言が日本政府の経済白書のなかでなされたのが一九五六年のことです。ここで言う「戦後」とは戦争のダメージの影響下にある時代を意味します。この宣言がなされたことで、日本社会は戦争のダメージから回復したのだと人びとは考えました。事実、そこから豊かな社会に突入していきました。

しびれるようなエレキギターの音は、若者の夢と同時に欲望をかきたてるものでした。戦争の荒廃から立ち直り、物質的に豊かな時代へと移行していきます。しかし、同時に各地に公害や、大都市への一極集中に伴う地域格差が露わになる状況をもたらしました。金嬉老や永山則夫による殺人事件が起きたのもこの時代です。そして、多数の幸せはみんなの幸せ、全員が幸せになる平等。そうした戦後民主主義が謳う価値観にたいする疑問、それが学生たちの反乱を招きよせます。

体のよい平等の謳い文句の陰で、だれが得をしてきたのか。だれが泣いてきたのか。ベトナムや朝鮮半島で多くの血を流させたアメリカの軍国主義によって支えられた戦後日本の平和。欺瞞を感じていた若者たちはけっして少なくありませんでした。

しかし、一九六九年には学生運動のシンボルであった東大安田講堂の落城、そして一九七一年には連合赤軍による内ゲバ殺人事件、綺麗な世の中を願って活動した若者たちの行動が、仲間に対する殺人に終わるという惨憺たる結果を引き起こします。個人的な気持ちとしての純粋な動機が、その意図に反して凄惨な暴力に終わる。それは、一九九五年の地下鉄サリン事件の予告編のような出来事でした。

暴力と平和憲法

結局、暴力は憎しみしか生み出さないのでしょうか。だとしたら、わたしたちは相手の暴力を黙って引き受けるしかないのでしょうか。愛する人が目の前でレイプされる、殺害される。そうした出来事をわたしたちはどうやって見過ごしたらよいのでしょうか。あるいは見過ごして生き延びたわたしたちは、その後どうやって生きていったらよいのでしょうか。そうした問いが戦後生まれの若者にたいして突きつけられた、重い出来事でした。しかし、こうした圧倒的な暴力の体験はけっして日本の近代において初めてのものではありません。そのことは、村上春樹さんが指摘したとおりだと思います。

結局、日本のいちばんの問題点は、戦争が終わって、その戦争の圧倒的な暴力を相対化できなかったということですね。みんなが被害者みたいになっちゃって、「このあやまちはもう二度とくり返しません」という非常にあいまいな言辞に置き換えられて、だれもその暴力装置に対する内的な責任をとらなかったんじゃないか。（『村上春樹、河合隼雄に会いにいく』）

戦争の記憶の忘却ですね。さらに村上さんは言葉を続けます。

ぼくらは平和憲法で育った世代で「平和がいちばんである」、「あやまちは二度とくり返しません」、「戦争は放棄しました」、この三つで育ってきた。……でも、成長するにつれて、その矛盾、齟齬は非常に大きくなる。それで一九六八年、六九年の騒動があって、しかし、なんにも解決しなくて、ということがえんえんとあるのですね。

敗戦時にアメリカから与えられた「平和憲法」は、こうした流れから見たとき、自分たちの戦争暴力を免罪する役目を果たしてきました。一部の戦犯を除き、国民の象徴である天皇とともに国民総体が無罪になったのですから、自分たちが戦地で犯した過去の暴力からも解放されたような気になってしまったのです。

なによりの証拠に、「終戦記念日」と呼ばれる「敗戦の日」には多くの戦争に関する特集番組が組まれてきましたが、一般の日本兵の戦争犯罪や、植民地で戦争に駆り出された旧日本臣民たちや慰安婦たちの物語というものはあまり放映されてきませんでした。それどころか、政府によってそうした番組の内容に立ち入る検閲がなされたという噂まであります。

一方で、広島や長崎に落とされた原爆をはじめ内地への空襲が繰り返し語られ、戦後に作り出された「日本国民」は戦争暴力の「被害者」というひとりよがりな立場から自分のアイデンティティを規定することになります。しかし、みずからの暴力性と向き合うことのない「平和思想」は、旧日本兵によって陵辱されてきた人たちにも通用するものなのでしょうか。

それは、結局のところ、この平和憲法を合作したアメリカと日本という新たな植民地関係の両国のみに通用する幻想に過ぎないのではないでしょうか。だからこそ、アメリカ軍が日本に基地を置く安全保障条約を拒絶する政治行動を日本人がおこなうたびに、アメリカは日本政府を介して徹底してその運動を叩き潰してきたのではないでしょうか。だとしたら、日本の戦後とはひたすら人間の暴力性と向き合うことを避けてきた、それこそみずからの暴力性を否認してきた時代ということになるのではないでしょうか。

否認の結果、公害や差別を通して弱い立場の人が絶えず生み出され、かれらは「国民」としての「社会的権利」を認められることなく、異議を発する声さえ奪われ、泣き寝入りを強いられてきたのではないでしょうか。それは国内の弱者だけではありません。海外で自国を植民地にされた人びとにたいする戦争責任もまたなおざりにされてきました。しかし考えてみれば、みずからの暴力の加害性を自覚しえないところには、苦痛を与えたという自覚もまた存在しないのですから、謝罪をする、賠償をするといった言動が生起することも困難なのは当然なのです。

折しも、一九七〇年の安保条約延長と重なるように開かれた大阪万国博覧会は、「人類の進歩と調和」というテーマのもとに、世界中の文化を紹介して大きなブームとなりました。アメリカ館の輝く月の石も三菱未来館の動く歩道も素敵でしたが、もっとも印象的だったのが万博会場の中央にど〜んと立てられた太陽の塔です。

前衛芸術家、岡本太郎作のこの塔はたんに美しいだけの造型物ではなく、力強さとともに奇妙にゆがんだ表情の顔を持っていました。塔の内部に展示された生命の樹の先端には、万物の進化の頂点にあるものとして人類が置かれていましたが、はたしてそれが「進化」と呼べるものなのかといった疑問を、当時小学生であったわたしにも感じさせる不思議な展示空間でした。

自身もまた母親との軋轢に悩んできた岡本太郎は、人類の進歩がたんに理性の成長を無限に称揚するものなどにはなりえず、その失墜や悲劇もまた含みこんだ予測困難な軌跡を描くものであることを見抜いていたのかもしれません。だとすれば、万博会場は人類の進歩と調和を謳いつつも、その破綻も無意識のうちに折り込んでいたのでしょう。そうでなければ力道山、さらには金嬉老や永山則夫の存在までを含みこんだ記憶を歴史に刻むことなどできないでしょう。

沢田研二『太陽を盗んだ男』

その後、テレビではジュリーのライバル、萩原健一さんの「傷だらけの天使」（一九七四—七五年）、中村敦夫さんが「あっしにはかかわりのないことでござんす」とうそぶく「木枯し紋次郎」（一九七二—七三、一九七七—七八年）など、いかなる既成の権威にもおもねることのないアウトローたちが時代のヒーローとなりました。万博で太陽の塔が暗示していた、人類の進歩への疑問が顕在化したともいえます。村上龍さんの小説『限りなく透明に近いブルー』が一九七六年、村上春樹さんの小説『風の歌を聴け』が一九七九年、いずれもこの時代の雰囲気を濃厚に漂わせた作品です。

そんななかで当時の時代的シンボルであった、沢田研二さんが主演した映画『太陽を盗んだ男』（一九七九年）を、ここでは取り上げたいと思います。時代は一九七〇年代末、学生運動の挫折以降、「シラケ世代」と呼ばれる若者たちは自分の生きる意味を見出せずに漫然とした日々を送っていました。

『太陽を盗んだ男』は日々の暮らしの無意味さに飽いた中学教師が原爆を作ることで生きがいを見出そうとするのですが、真の理解者を得ることができず、自分と一緒に社会を吹き飛ばすというストーリーでした。

この作品は、人生の目的というものは、原爆を作って世間を驚かせても得ることができない、結局、自分と向き合うことができないかぎり、虚無からは逃れられないと教えてくれました。ですが、そうした人生訓よりも、強烈な印象として心に残ったのは、虚無から逃れられない主人公の絶望でした。原爆を作った主人公の、それでも変わることのない孤独を描き出すように、映画で流れた曲がカルメン・マキさんが叫ぶ「私は風」（Maki Annette Lovelace 作詞、春日博文作曲）でした。

ああもう涙なんか枯れてしまった
明日からは身軽な私
風のように自由に生きるわ

ひとりぼっちも気楽なものさ

ジュリーに託して描き出された世界、カルメン・マキさんが歌う世界。そこには決定的なものが欠けていました。他者の存在です。かれらの孤独に寄り添う存在がそこにはいませんでした。かれらを見つめるものの不在。それはかれらを徹底した孤独へと追い込んでいきました。同時に、かれらもまた他人に関心をもつことができませんでした。相手に関心をもたなければ、相手から関心をもってもらうこともできません。しかし、周囲の人間に関心をもたれず苦しんでいる者が、どうやって進んで他人に関心をもつことができるのでしょうか。

カルメンさんは米兵の父と日本人の母のあいだに生まれた、まさに戦後占領という歴史の落とし子でした。すでに述べてきたように、広島と長崎への原爆の投下で戦前の大日本帝国は終わりを告げ、象徴天皇制の下での戦後の国民国家体制が始まります。その意味で原爆の投下は戦後の始まりを告げる出来事でした。しかし、あまりに多くの犠牲を出したこの出来事を戦後の日本人たちが十分に咀嚼して理解していたとはかぎりません。「理解は出来事に遅れてやってくる」という言葉が示すように、わたしたち人間は意識や理性だけで生きている存在ではない以上、自分自身やその社会に起きた出来事を意識化して理解するには長い時間を要するものなのです。

結果として原爆投下はアメリカの占領政策のもと、昭和天皇及び国民の戦争責任の免責という出来事とあいまって、戦争被害者としての日本人という自己認識に固着化していきます。それと同時に、核の平和利用という美名のもと、原爆は反対だが、原子力エネルギーの推進は賛成というかたちで、核エネルギーそのものへの反対の態度は戦後の早い時期から放棄されてしまいました。

その象徴的存在が、国民的な人気を誇った手塚治虫の漫画『鉄腕アトム』(一九五二―六八年連載)です。「十万馬力」の「科学の子」と歌われたその存在は、核エネルギーをもとに悪を懲らしめる正義となったのです。わたしも熱心な読者でしたから、アトムが科学の力で悪を懲らしめる場面に胸を躍らせたことをよく覚えています。こうして、一九五四年に起きた第五福竜丸事件の被曝が蘇らせた核への不安は、一九五〇年代後半には少なくとも国民の意識上ではバラ色の未来を保証する原子力エネルギーへと転換されて、わたしたちの日常生活からは追い払われていきました。

そして、かつて被爆者の恨みを体現して登場したゴジラもまた原爆への恐怖から切り離されて、一九六〇年代には悪い怪獣を退治する正義の味方へと変貌を遂げていきます。被曝したゴジラが、原子力の申し子であるアトムのようになったのです。そして、純粋な日本人とはなにかという問いを突きつける存在であった力道山が闇の世界によって刺殺されたのが一九六三年のことでした。

そこでは善と悪がはっきり区別され、その境界線を攪乱する曖昧な存在は抹消されていきます。戦後、「単一民族による国民国家」を確立していった日本の社会は、はっきりした根拠がない「純粋な日本人」というアイデンティティにしがみついていったのです。先ほども触れたとおり、時は昭和元禄、沢田研二さんがグループ・サウンズのブームとともに国民のアイドルとして登場してきた時期でもありました。

しかし、高度経済成長が農山村の人びと、在日コリアンや被差別部落民、さらには沖縄や朝鮮半島やベトナムの人びとなど、多くの犠牲を代償にしたあくまでも大都会中心の経済的繁栄に過ぎないことが明らかになったとき、そうした問題を批判する政治運動の敗北とともに、政治的な虚無感を抱えたシラケた世代が一九七〇年代に登場してきます。

映画『太陽を盗んだ男』は、昭和元禄に時代の寵児になり、その時代の終わりを見届けたスター、沢田さんによって演じられ、原子力エネルギーは人類の進歩をもたらすものだという見方に冷や水を浴びせるものとなります。なにしろ、盗まれた原子力エネルギーが核爆弾に変換されることを明示した映画なのですから。その意味でこの作品はいち早く戦後日本社会の根本的な価値観を疑ったのです。

ですが、当時大学生になっていたわたしも含め、この映画の問題提起を深刻に受け止める日本人はほとんどいなかったように思います。原子力発電所は厳重に警備されており、沢田さん演じる平凡な市民が核エネルギーを盗み出すようなことは、現実にはあるわけがないとだれもが思い込んでいたのです。そうした管理をする力こそが科学の安全性なのだと信じたがっていたのです。きっと現実を認めるのが怖かったのでしょう。そうです、自分たちが広島や長崎、第五福竜丸でのような、被爆や被曝を繰り返す危険性と背中合わせだという現実が怖かったのです。

結局、核は核でしかないことが露呈したのが、東日本大震災における福島の原発事故でした。それまでも東海村をはじめ各地の核燃料施設で事故が起きるたびに、作業員に被曝者や死亡者を出していたにもかかわらず、わたしたちはそうした事故を例外に過ぎないと思い込もうとしてきました。科学は進歩するものだ。科学が進歩すれば、原発事故も完全になくなる。東海村の近くに住んでいたわたしさえも、のん気にそんなふうに考えていました。

しかし、福島第一原発の事故の結果、人間の技術に完璧というものはない。自然の猛威はつねに人間の予想を上回る。そういったことが認識されるようになります。今も、福島第一原発のある国道六号沿いに続く荒涼とした風景。故郷に戻れなくなった人びと。それはわたしたちがみずからの力を過信していた代償として、なにを失ったのかを突きつけているのです。

『太陽を盗んだ男』の主人公もまたいつしか被曝して髪が抜け、歯茎からも出血します。そして、最後には東京のど真ん中で原爆が爆発したことを暗示するような幕切れになっています。

原爆を作ることでも潤すことのできなかったかれの孤独の渇き。それを癒す存在はこの世にはいないのだという絶望のなか、かれは自分を受け容れることのなかった世界とともに、自分自身を吹き飛ばすのです。もうどうなってもいいと。それはあくまで独りよがりな心情にすぎませんが、こうして吹き飛ばされた世界と主人公の死は、シラケ世代そのものが行き詰まりつつあることを、もうこの世界の片隅にも居場所を見出せなくなりつつあることを物語るものでした。

そしてバブル時代が訪れ、人びとは生きる意味の虚無さえ忘れるかのように物質的な豊かさで人生を埋めつくしました。人びとは思想ではなく、消費で自己の虚しさを満たしていきます。まるで、自分のうちに抱える虚無の闇から目をそらすかのように。そしてその経済が破綻するなかで、一九九五年の阪神・淡路大震災と地下鉄サリン事件、そして二〇一一年の東日本大震災がやってきます。

ポスト東日本大震災

東日本大震災が起こった当初は日本中の、いいえ、世界中の人びとが、テレビに映し出された無残な光景に涙しました。同時に、「絆」や「がんばれ日本」という言葉がまたたくまに日本中を覆いつくしたのです。しかし、「復興」が進んでいくと、被災地のなかに走る亀裂が顕わになってきます。

福島県の南東部にあるいわき湯本温泉もまた、そうした地域のひとつです。津波の被害はありませんでしたが、地震で建物が損壊して、しばらく休業を強いられた旅館やホテルも少なくありませんでした。放射能に汚染された海では漁にも出られず、自慢の地元の魚介類を料理に出せなかった時期もありました。それでもこの温泉街は逆境に負けまいと観光地としての復興を目指しながらも、当面は土木業者や東電関係者が利用する施設として生計を立てていました。

そのなかで、放射能汚染は否定できない現実だとして、観光旅館からビジネスホテルへと営業方針を転換する業者も現れてきました。日ごろはビジネスマンや運動部合宿の学生たちに宿舎を提供し、希望者がいれば周辺地域の被災地ツアーをおこなうといった経営です。本人たちにとっては足元を見据えた現実的な路線だったのですが、観光地としての復興の立場を取る人たちからすれば地域の足並みを乱すものと映じたのでしょう。少なからぬ軋轢がこの温泉街の内部にも生じたのです。

元の状態に戻れない以上、違う方向を模索するのが現実的な選択のはずです。しかし、こうした意見を復興の妨げとして封じようとする声が行政というよりも、住民のなかから湧き起こってしまう事態が、震災復興をめぐる問題の難しさを物語っています。今でも観光でやっていけるはずだ、遠からず農業や漁業が再開できる。たしかにそれは、地域で生きようとする人びとにとってはかけがえのない希望なのです。

しかしそれが行き過ぎたならば、これもまた精神分析で「否認」と呼ばれる、現実に起きた出来事そのものを否定する症状に陥ってしまうのです。意識の外に排除した不安は、そのまま追放しきることができません。そうです、「がんばれ東北」や「絆」といった思いやりの気持ちが、多様な声を抑圧して自他をともに傷つける感情にすり替わっていくのはたやすいことなのです。

そうした現実否認の症候が見られるのは東北の被災地だけではありません。日本の社会全体にも明瞭に見て取ることができます。たとえば二〇一五年から、国内の原発が順次再稼動し始めています。福島第一原発で起こったような放射能漏れなど起こるはずがない。自分たちの故郷が帰還困難区域になることなどないとして。しかも、こうした日本社会の姿勢は震災以降に始まったわけでもありません。沖縄に基地を置くことで、朝鮮戦争での特需で、福島のみならず日本各地の周辺地域に原発を設置することで、戦後日本社会の経済的な繁栄が勝ち取られてきたのは周知の事実です。

こうした経済繁栄の犠牲になることを強いられた地域の人びとの声、日本のみならず、韓国をはじめとする東アジアの人びとの声は、日本社会の中心をなす人びとには届くことがありませんでした。声にならない声は、高度経済成長に沸き立つ大都市の歓声によってかき消されてきたのです。東日本大震災があらわにした現実とは、そうした「犠牲のシステム」によって戦後の日本社会の繁栄は支えられてきたという、その恩恵を受けてきた多くの日本人にとっては認めがたい己の醜い姿でした。しかし、それは日本だけではないはずです。今日の世界を覆うグローバル資本主義が、経済格差を拡大することで一部の人間だけが繁栄を享受するというシステムにもとづく以上、だれもがだれかの犠牲になり同時にだれかを犠牲にすることからは逃れられないのです。

それでも、だれかを犠牲にして、自分たちの幸福を手に入れることは、もう止めなければなりません。そこに東日本大震災という日本の東北地方に起きた局所的な出来事にもかかわらず、世界中の人びとが学ぶべき教訓があるのです。だからこそ、こうした声にならない声に耳を傾けなければならないのです。

しかし、そんな単純な事実に戦後の日本社会が向き合えるまでに、一九七〇年代から数えても何十年という時間が必要でした。そのあいだに、オウム真理教事件や東日本大震災が起き、多くの犠牲者が出てしまったのは本当に痛ましいことです。社会が繁栄するには、だれかその犠牲になる存在が必要なのだということにわたしたちは気がつきませんでした。いいえ、度重なる不幸な事件が起きていたにもかかわらず、気づこうとしなかったのです。そこにこそ、戦後日本のヒューマニズムの欺瞞があります。

戦争犯罪のトラウマ

戦後社会においては、高度経済成長の謳う物質的豊かさや進歩を信じられないからこそ、そこから零れ落ちていった人たち、あるいは犠牲にされていった人たちの苦しさや悲しさを理解する可能性が開かれていくのではないでしょうか。あるいは戦後を規定する原体験となった戦争の体験。わたしたちは本当の意味で、戦争体験という過去に向き合ってきたのでしょうか。その体験を咀嚼してきたといえるのでしょうか。

原爆や沖縄戦で殺されていった人びと。朝鮮人であったにもかかわらず日本人として徴用され、報われない戦死を強要された人たち。それだけではありません。いわゆる「皇軍」の兵士たちに無意味に殺害され、強姦され、兵士の食肉にさえされてしまったアジアの人たちという、置き去りにされた存在。わたしたちはそうした人びととの存在を、無意識のうちに否認してきてしまったのです。

そこでは、すでに数人の将校によって「試し斬り」がおこなわれていました。手をしばられた中国人の首を刀でバサッと斬っているのです。ところが下手な将校は、刀の扱いがうまくできずに頸動脈を切ってしまうものだから、血が噴き出している。あわてて刀を何回も振り下ろしています。……むしろ下士官のほうがうまくて、片手にもったサーベルをぱっと振り下ろすと、首がごろっと落ちる。……つぎからつぎへとくりひろげられる凄惨な光景に、体はふるえ、こわばって目も開けられない状態でした。（奥村和一・酒井誠『私は「蟻の兵隊」だった』）

いくら惨酷だとはいえ、せめてこうした殺戮の当事者であることをまぬがれられれば、当人の精神的な損傷は軽減されたでしょう。しかし、当時の軍隊ではそんなことは到底許されるはずもありません。将校には日本刀の「試し斬り」が、初年兵には銃刀での「刺突訓練」が待ち受けていたのです。それを拒否することは、軍部の大原則である上官の命令への服従にたいする違反となり、こんどはその処罰によって自分自身の命が危うくなります。

多くの証言が明らかにしていることは、こうした殺人は、一部の異常な残虐者によっておこなわれた例外的なものではないということです。「皇軍」と呼ばれた日本の軍隊では、天皇陛下の美名のもとに、将校と初年兵に胆力をつけるために中国人を殺害させることで、戦場に出る感覚を麻痺させ、平凡な市民を殺人マシーンへと変容させる体系的なシステムが作り上げられていたのです。

この体験者は「こうして、私は『人間を一個の物体として処理する』殺人者に仕立て上げられたのでした」として、そうした心理を生み出した軍隊の論理を「そこに『人間の心』があれば、また、平常のときであれば、そんなことはできるはずもありません。しかし……強姦すれば、強姦されたほうが悪い。それが軍隊の一つの論理なのです」とえぐり出します。

わたしはこうした自分の非人道的行為を告白した兵士の方々の勇気を凄いと思います。わたしだったらどうでしょうか。殺人をするか、自分が殺されるかであるとすれば、正直言って物事の道理と関係なく、他人を殺すことを選ぶでしょう。結局戦争とは、自分が死ぬか相手が死ぬかの二者択一の連続なのだと思います。そこで市民社会の道理を述べる者は、だれにも聞く耳をもたれず、ひとり犬死にをするしかないでしょう。

そうしたシステムのなかに市民を組み込み、殺人マシーンに仕立てあげる。それが、アジアを欧米諸国から解放するための「聖戦」と呼ばれた戦いの現実でした。まだ、殺人は軍のシステムから強要されたのだという言い訳の余地も残されているかもしれません。でも、当時頻発していた中国人の強姦事件はどのように考えたらよいのでしょうか。

粛正討伐の最中、……二〇歳くらいの女の子を見つけました。分隊員みんなで次の部落まで連行して、……輪姦してしまいました。まず隊長がというので私がすませ、それから……順に決めて。……強姦のあとでは女を殺してしまうという一種の〝暗黙の了解〟みたいなものがありました。……殺してしまえば「あの女は八路軍の回し者らしかったので」と言って口をぬぐうことができますから。（本多勝一・長沼節夫『天皇の軍隊』）

そこには、自分の故郷の村では遊郭に通うことのできないような貧しい家の非嫡子、あるいは兵隊になっても将校たちのように慰安所には頻繁に通えない兵士たちが無数にいました。それでも強姦は軍として積極的に勧めたものではないがゆえに、内地や軍隊での日本人男子を取り巻く階級差別的な構造によって増進されたものと考えるべきでしょう。

「姑娘《クーニャン》とやらを抱いてみたい。……そうした楽しみでもないかぎり、こんな殺伐とした戦場生活に耐えていられるか」、こうした生理的欲求を抱かざるをえない状況に置かれた兵士はけっして少数ではありませんでした。慰安所に頻繁に通える将校を除けば、ほとんど該当すると言っても過言ではないはずです。

今日、日韓で争われている戦中の性暴力をめぐる問題においては、慰安所で働かされた韓国人女性が本人の同意した契約にもとづくものであったかどうかを日本政府側は論点に据えようとしています。しかし、慰安婦がだまされて強制労働させられたという証言は中国もふくめて枚挙にいとまがありません。たとえ、契約で身売りをしたとしても、その労働が一日何十人もの相手をさせられたり、性器から出血しているにもかかわらず性行為を強制されるなど、当人の了解している条件下のものでは到底なかった場合もけっして少なくありませんでした。

さらに見落としてならないのは、兵士の性的欲求を解消する場は慰安所だけではなかったことです。すでにお話ししたように、とくに中国においては戦場での民間人への強姦が、慰安所に通えない下級兵士たちの性欲処理のはけ口となる役割を果たしていました。こうした状況のなか、長年沈黙を守ってきた旧日本兵たちは、戦後になっても他者に与えた苦痛にたいする想像力が回復しなかったといわれても仕方ないかもしれません。ここからも分かるように、戦後日本社会における民主主義や平和主義の浸透には、自分たちの切り捨てた他者には想像力が及ばない自分勝手な側面があったことは否定しようがありません。

こうした日本軍における非人間的行為の蔓延を、軍としての規律の弱さあるいは人間性の弱さとして指摘することもできるかもしれません。しかし、そもそも戦争というものが他人を殺害することで自分が生き延びることを旨とする以上、特に地上戦を主とする場合には人間の本能的な攻撃性や残虐性が研ぎ澄まされることは否めません。

とすれば、こうした戦争犯罪は日本軍に典型的に認められるように、戦争行為そのものがだれにでも引き起こす、普遍的事態として捉えるべきでしょう。普遍的な行為だから、日本も仕方なかったのだという論法ではなく、日本における自己批判を手本とするようなかたちで、多くの社会が向き合い方を学ばなければならないという方向になるべきだったのです。

つぎの発言は、日本兵によって強姦された中国人女性のその後の心的外傷を物語るものです。

再び悪夢をよく見るようになった。日本兵が追いかけてくる。彼女は草叢に隠れる。「キャー、キャー」と叫んでいる。胸が痛み、肩が痛む。……手や足をおさえられ、日本兵の重い体が覆い被さってくる。体全体から力が抜け、まったく動けなくなる。目が醒めると、汗まみれになっている。……畑で働いていて、目の前が急に暗くなり、力が抜けていくことが多い。……いつも心のなかで問うてきた、日本兵はなぜあんなに酷いことをしたのか。……そして、なぜ私がこんな目に遭わねばならないのか。自問する。全て分らない。（野田正彰『虜囚の記憶』）

戦後の日本人が強姦や強制連行という言葉ですぐに思い出すのが、瓦解した満州帝国に進軍してきたソ連兵たちの日本人にたいする戦争犯罪です。日本の女性たちは外地でも内地でも連合軍がやってくるのに備え、髪を短く刈り込み、顔に墨を塗りました。これは皮肉なことに、日本兵の前で中国人女性たちがおこなった変装をまねた行為となりました。

闇の奥

戦後日本における戦争犯罪をめぐる議論は、ソ連軍にたいする被害者意識としては語られたものの、それが中国人や朝鮮人にたいする日本人の加害行為と表裏一体をなすものだということを見のがしてきたところに問題点があるのです。広島や長崎で非戦闘員である一般市民が殺されたことと、南京や華北で多くの中国の一般市民が殺されたことは、相手をおなじ人間として認識していないがゆえに殺人が可能になった点において一体どこに違いがあるのでしょうか。それを多くのユダヤ人が虫けらのように殺されたアウシュヴィッツと比べることになんの問題があるというのでしょう。それは例外状態に追い込まれたさいに顕在化する、だれにでも潜んでいる人間の性《さが》なのです。

村上春樹さんは自分のうちにもひそむ暴力願望を、人間のもつ普遍的な「悪」の問題としてつぎのように捉えます。

深い海の底に住む巨大なタコ。……切っても切っても、あとから足が生えてくる。そいつを殺すことは誰にもできない。あまりにも強いし、あまりにも深いところに住んでいるから。……僕がそのときに感じたのは、深い恐怖だ。それから、どれだけ遠くまで逃げても、そいつから逃れることはできないいんだという絶望感みたいなもの。そいつはね、僕が僕であり、君が君であるなんてことはこれっぽっちも考えてくれない。そいつの前では、あらゆる人間が名前を失い、顔をなくしてしまうんだ。僕らはみんなただの記号になってしまう。ただの番号になってしまう（『アフターダーク』）

なにか極悪な個人がいて、社会に害悪を及ぼすのではないのです。むしろ、社会を覆う悪が謎めいた他者の一種として存在していて、その悪に呑み込まれた個人が、個人の容貌を失い、没個性的な「凡庸な悪」として盲従するのです。

さきにも述べたように、わたしの義父は名古屋市内が爆撃されて多くの日本人が亡くなった後、撃墜された戦闘機に乗っていたアメリカの青年が、日本の一般市民に撲殺される光景を目のあたりにしています。殺された仲間の仇をとろうとして、仕返しに敵国の人間を殺す。こうした死の連鎖を、その最中にだれが止めることができるでしょうか。そのとき家庭人として子どもをかわいがるという日常的な個人の顔はまったく失われているのは言うまでもありません。戦場の兵士のみならず、一般市民とてその連鎖から逃れることはできないでしょう。

森の奥には入らないほうがいい。とてもとても深い森だし、道もろくについてない。森に入るときには、いつも視野の隅にこの小屋を入れておくようにするんだね。それより奥に行くとたぶん迷うおそれがあるし、一度迷うともとの場所に戻るのはむずかしい。(『海辺のカフカ』)

こう村上さんが言うように、人間は過酷な状況のなかでたやすく自分を見失ってしまいます。闇の力に侵食され、その一部と化してしまいます。戦後流布したヒューマニズムの欺瞞は、あたかもこうした問題が人間の心の弱さが引き起こしたものであり、その弱さを自覚すれば乗りこえられるかのような錯覚を与えてきたところにあるとわたしは考えます。

人間は闇を抱えた存在だし、その闇をだれしも完全に消し去ることはできないと、諸々の戦争の体験が教えてくれています。それは日本人だけが、あるいはロシア人だけがという特定民族の問題ではなく、現れるかたちは異なれども、あらゆる人間が抱える闇なのです。だから、闇が引きずり出されてしまうような状況を起こさないようにわたしたちは注意深く見守らなければなりません。そのためには、闇から目を背けるのではなく、闇を凝視することで、それが表に現れ出ることを防がなければならないのです。

結局のところ、日本人は被害者であると同時に加害者でもあります。そもそも、だれが「日本人」

であるかは時代とともに流動するものです。内地での被害状況ばかりが報道され、外地での残虐行為は国民には知らされてきませんでした。歴史の実態を知れば知るほど、「日本国民は完全無欠な存在である」、などと言える状況でなかったことが明らかになるばかりです。

そうしたアイデンティティの欠損が作ってきた傷をまず認めるところから、戦後日本社会の歩みを始めなければならなかったのです。ゴジラや力道山はそうした傷をわたしたちに突きつける存在だったのですが、高度経済成長のなかで自分たちの都合のよい存在に読み替えてしまったり、ついにはその存在を抹消してしまいました。いつしかこうした傷はふさがれ、「純粋な日本人」が国民の象徴たる天皇の眼差しのもとで想像されるにいたります。しかし、その天皇もまた戦争責任を自分の意志で免れた人物でありました。

一九七五年に初の訪米から帰国したさいに、戦争責任について問われた昭和天皇は、「そういう言葉のアヤについては、わたしはそういう文学方面はあまり研究もしていないので、よく分かりませんから、そういう問題についてはお答えができかねます」と、みずからの戦争責任を認めることを拒否しました。三島由紀夫はここに端的にあらわれているような天皇の曖昧な態度に失望し、人間としての象徴天皇制をやめて現人神に徹するべきだと主張したのです。

昭和天皇だけではありません。多くの旧日本兵たちもその体験を語ってきませんでした。A級戦犯に、戦争責任を押し付けた者たちもおなじでしょう。ですから、敗戦を機として反米から親米に転じた大人たちにたいして、不信感をもった子どもたちも少なくありませんでした。

太宰治のような、心の中に虚無を抱えた戦後の無頼派の文学も出現します。「人間失格」（一九四八年）という題名をもつかれの小説は、まさにそうした人間不信を体現した作品となりました。その不信は自分自身にもおよび、太宰はついには命を絶つにいたります。でも、なかには勇気をもって自分の問題として、戦争犯罪のみならず、天皇の戦争責任さえみずからの身に引き受ける人間もいたのです。

おれは天皇に裏切られた。欺された。しかし……天皇に裏切られたのは、まさに天皇をそのようにに信じていた自分自身にたいしてなのだ。現実の天皇ではなく、おれが勝手に内部にあたためていた虚像の天皇に裏切られたのだ。言ってみれば、おれがおれ自身を裏切っていたのだ。自分で自分を欺していたのだ。（渡辺清『砕かれた神』）

こうした渡辺の発言をはじめ、ここまで引用してきたような、自分の戦争犯罪を認め、悔いる旧日本兵も、たしかに少数とはいえ存在していたのです。しかし、日本社会がそうした声を公の場に響かせるようなことは許しませんでした。むしろその妨害に努めてきました。だからこそ、この天皇の美名のもとに邁進した先の戦争を、昭和天皇とはむしろ逆に、自分たち国民の問題として引き受けることが、わたしたちが主体を取り戻す格好の機会となるのです。いいえ、「取り戻す」という表現は正しくありません。日本人は少なくとも近代に入ってからは一度たりとも、個人がその主体をみずからの責任と権利の基盤として確立したことはなかったのですから。

戦争責任を契機とした主体確立のあり方について、酒井直樹さんは「戦後生まれの日本人でも、戦争中の日本人が犯した行為の歴史的な責任を逃れることはできない、と私は考えている。……それは、白人と自己確定する人びとが、過去の植民地主義や奴隷制への応答義務から逃れられないのと同じである」と、興味深い発言をしています。さらにかれは「詰問する者と詰問される私が、両者ともに国民や民族といった立場ではない別の関係に移行しうるときにのみ、私たちは歴史的責任を正面から直視することができる」と、言葉を継ぎます。

国民国家批判論者として知られる酒井さんですが、国民国家がなくなるとはけっして言いません。むしろ国民国家がなくならない現在の状況では、国民国家というシステムに耐えてゆかねばならないからこそ、それを批判する必要があるのだという認識を明確にもっているのです。その点で酒井さんは無責任な夢想家ではなく、現実主義者なのです。国民国家のなかで恵まれた場所を占めていながらも、そこから自由になった幻想を振りまく通俗的なコスモポリタンとなんという違いでしょう。

やはり日本の社会にはなにか十分に意識化されないナショナリスティックな自己弁護の姿勢が潜んでいるのです。歴史の拘束性を引き受けるときにこそ、そこから抜け出すことも可能であり、拘束の重みと解放の渇望を矛盾として重ね合わせるときにこそ、責任と権利の主体は生起するのです。酒井さんの議論はみずからの歴史性をとおしてしか、普遍的な悪の問題にも善の問題にもたどり着けないことを示しているのです。

丸山眞男の主体性論

では、戦後の日本社会において主体はどのように構築すべきものとして論じられ、現実に実践されてきたのでしょうか。敗戦直後、日本の知識人たちは戦争の全体主義の体制になぜ国民が容易に動員されてしまったのか、その問題を解くために主体性論争と呼ばれる議論を展開しました。なかでも注目される知識人が、政治学者の丸山眞男でした。

丸山は戦前の体制を「超国家主義」と呼び、個人の主体性が未成熟で国家の権威に抵抗できなかったという見解を提出しました。かれはそうした未成熟な主体は封建的時代からの悪影響であるとして、「自由なる主体的意識が存せず各人が行動の制約を自らの良心のうちに持たずして、より上級の者……の存在によって規定されている」と述べています。

戦中の日本では、国家が作り出した公的領域が個人の私的領域と未分離であったために、個人が自分の依存する国家を批判することはきわめて困難であったと丸山は考えたのです。国家的権威の象徴とは、言うまでもなく現人神たる天皇であり、かれが体現する国体でした。

しかし、丸山の議論が卓越していたのはここから先なのです。では国民が依存した天皇自身が、ヒトラーのような強固な主体的意志をもった独裁者であったかというと、万世一系を謳う皇統の一部でしかなかったと丸山は指摘したのです。だとすれば、上意下達の日本的な全体主義においては、明確な主体的意図をもった個人は戦争中にだれひとりとして存在しなかったことになります。

戦後、戦争責任を取ろうとしなかった昭和天皇の態度も、天皇が法的な主権者であったことは言い逃れできないはずですが、そうした無責任体制からすればもっともな自意識の表明であったのかもしれません。だとすれば、戦前の日本の国民は天皇も政治家も軍人もふくめて、神代から続く「万世一系の皇統」あるいは「国体」という、正体不明な謎めいた他者に依存したその一部でしかなかったことになります。

丸山にとっては、この戦中の体制が終わった一九四五年八月十五日こそ、「超国家主義の全体系の基盤たる国体がその絶対性を喪失し今や始めて自由なる主体となった日本国民にその運命を委ねた日」でした。ここにおいて、はじめて主体の基盤は天皇家から個人へと移るはずであった、これが丸山にとっては、国家主権から国民主権に法的主体が移行する意味でした。

ただし、この「日本国民にその運命を委ねた」という表現に明らかなように、かれはそうした主権の移行が簡単に実現したとは考えませんでした。むしろ、そこから責任と権利をになう個人という主体が生まれるか否かは、まさに国民の側の主体的決断に委ねられたと、注意を喚起したのです。そしてその結果は、戦後日本社会の推移をいくつかの側面から見てきた本書で述べてきたとおりだとわたしは思っています。こうした表現をするのは残念なことですが、やはり個人という主体は戦後の日本社会においても十分に成立することはなかったと言わざるをえません。

その理由はいくつか挙げられるでしょう。本書の議論の流れからすれば、主体が成立するために不可欠になる痛みあるいは恥といったものを、個人はともあれ社会の次元で認めずにきてしまったことが決定的だと思われます。力道山に代表される旧植民地民、ゴジラに象徴される被爆者や戦死者、度重なる災害による犠牲者。かれらの痛みや悲しみにたいして、戦後の日本社会は十分な居場所を与えてきませんでした。

もちろん、マジョリティの人たちもそこからはじき出された人たちを気の毒には思うでしょう。涙も流すでしょう。でも、原発や基地のあるかれらの故郷に移り住もうとはけっして思いません。あくまで自分がその立場に置かれない状況を確保したうえでの共感なのです。

さらに、社会的弱者に自分をなぞらえる学者たちが加害者の立場にみずからを重ねることはけっしてありません。では、戦争犯罪は非人道的な日本兵だけのものなのでしょうか。性欲に猛り狂った男性だけのものなのでしょうか。戦後の経済的に安定した社会のなかで、最適とは言わないまでも研究生活まで保障されている学者が、命を落とした犠牲者やマイノリティたちと容易に立場を重ね合わせられるのに、なぜ加害者の立場に思いを馳せることができないのでしょうか。そこに、自分が善良な人間だという、傲慢なヒューマニズムが横たわっているように思えるのです。

酒井直樹さんが指摘するように、「同情」と「共感」は異なるものです。「他者」という言葉は本来哲学の用語です。自分にとって理解困難な存在を指します。それは具体的な人間であることもあれば、国家や社会、さらには神や亡霊を意味することもあります。理解困難だからこそ、「共感」ではなく、理解困難なものを自分の立場から推し量る「同情」という想像力が求められるのです。

一方、傲慢なヒューマニズムのもとでは、対象との安易な同一化を推しすすめる「共感」の感情が自己の正当化のために利用されてしまいます。共感は人間にたいするものばかりではありません。思想や理念にたいする共感も起こりがちです。

わたしが友人たちと、雑誌の特集号として戦後社会の再考を試みたときのことです。編集作業も最終段階になったある晩、その雑誌の編集長から電話がかかってきました。

「民主主義の批判はやめてほしいんです。民主主義はうちの会社で戦後一貫して守ってきたものです。民主主義に欠陥があるという書き方をするのは会社として困るのです」。

のちに、この会社の別の社員に尋ねたところ、会社の指示ということはなく、この編集長が会社という謎めいた他者の意図を忖度しての発言であったようです。会社の名前を借りた検閲。目に見えない会社の意思という陰に隠れて自分の意見を述べる。だから自分は責任をとらずに済むのです。主体が成り立っていない以上、責任の所在があいまいになるのも当たり前のことでしょう。

はたしてこれが民主主義の擁護を掲げる組織の人間にふさわしい態度なのでしょうか。ここには、デモクラシーなきデモクラシーという言葉が、ナショナリズムとしてのナショナリズム批判と同様に、逆説的な言葉として浮かんできます。民主主義が自己目的化したときに、その名前の下に討議なき検閲を一方的に押し付ける全体主義的なシステムが、個人の意図と関係なしに動き始める。ここに戦後民主主義の行きついた先を見出すのはわたしだけでしょうか。

どんな立派な思想も理論も、それを咀嚼する個人の主体がしっかりしていなければ、民主主義の名前を借りた均質化の暴力のなかに呑み込まれていきます。個人はそうした集団の一部となり、自分の主体性が生起する契機を進んで放棄します。

民主主義という大義名分を使った商売をしつつ、そうした大文字の他者の提示する「正しさ」に陶酔するきわめて危険な状態が今の日本社会の現状なのではないでしょうか。あるいはもはや正しいといった傲慢な意識さえなく、そうすればなにも個人として考えなくて済むというのが偽らざる本音なのかもしれません。民衆によるデモクラシーにこそ、大衆によるポピュリズムの論理が内在しているという、ある研究者の言葉が脳裏をよぎりました。個人としての主体をもてない大衆とは、民衆のもうひとつの側面なのですから。

ここに、既成概念を疑うことそのものを放棄した、シラケ世代のなれの果てを見出すのはわたしだけでしょうか。それは、丸山眞男が批判した戦中期日本の無責任体制となんら変わるものではないでしょう。だとすれば、戦後はおろか戦前もいまだ終わりを告げておらず、戦争が示したみずからの暴力性から目を背けたあげく、ふたたび戦前の暴力性——ただし、その暴力は身体的暴力ではなく、平和や民主主義という名前の思想的な暴力——のなかに呑みこまれていったのではないでしょうか。

謎めいた他者の影

若い世代に圧倒的な人気を誇る漫画、諫山創《いさやまはじめ》さんの『進撃の巨人』（二〇〇九年連載開始）やライト・ノベル、谷川流《たにがわながる》さんの『涼宮ハルヒ』シリーズ（二〇〇三年刊行開始）は、こうした不安を見事に体現した作品となりました。「セカイ系」と呼ばれるこれらの作品では自分が見えない世界と戦っている、いや、戦うというよりも、見えない世界が自己の内部に侵入してくる恐怖が的確に描き出されています。『進撃の巨人』が描くように、この世界は人間を食い尽くす謎の巨人たちで満ちており、かれらの侵入を防ぐ城壁もすでに破壊されています。

不条理に満ちた世界から、かれらを守ってくれる人や集団が存在していない不安が強く描かれています。わたしはそれを「世界不安」と呼びたいと思います。それは自分を包み込む世界そのものが意味を失い解体してしまう感覚です。それは自分という存在の意味を喪失する根源的な不安でもあります。社会の庇護から放り出され、不条理の世界に自分がさらされる。「セカイ系」と呼ばれる漫画や小説はそうした不安を如実に表現しています。こうした悲痛な恐怖感、それが今日の日本社会を生きる多くの人びとの、偽らざる心象風景なのではないでしょうか。

ここには震災以降にあらわになってきた社会状況が端的に現れていると言えます。福島第一原発から漏れ出した放射能や汚染水がどれだけの悪影響を与えているのか、それは何十年もの時間が経過していくなかでしか知ることのできない不可知の出来事なのです。

自己と世界の境界線の崩壊。正体不明な他者の侵略。自分が自分であることの実感が喪失される。拠りどころを失った人びとは、天皇制やパワー・スポットなど、「大文字の他者」へとみずから進んで同化されていきました。明確なアイデンティティの確立していない者にとっては、たとえそれが安直な既成の権威であり、他者を侵害するものであっても、自分を包摂してくれる存在であれば、喜んで身を委ねるのです。自分を取り巻く世界そのものが不分明である以上、少しでも自分を包み込んでくれる他者との一体化を望むのは当然の心情でしょう。

こうした認識しがたい謎めいた他者の存在について注目してきたのが、やはり小説家の村上春樹さんです。評論家の宇野常寛さんは、村上さんが阪神・淡路大震災に着想を得て書いた短編小説「かえるくん、東京を救う」について、そこに登場する「みみずくん」の存在から原発という制御不能な他者をめぐる主題を読み取っています。

「みみずくん」というのはこの物語のなかで、新宿の地下にすむ正体不明の存在のメタファーです。かれは怒ると人間の世界に惨劇をもたらす大地震を引き起こすのですが、だれもその正体を知ることができないのです。

彼は、私たちのこの世界そのものを揺るがすようなとても大きな力をもっている。けれど、そこに意思はない。「みみずくん」にはおそらく意思が、いや人格そのものが欠如している。だから、私たちは彼について何も理解することができないし、制御することもできない。(『リトル・ピープルの時代』)

この宇野さんの説明は、謎めいた他者の存在そのものではありませんか。そして、「かえるくん」とは、この物語のなかでこの世界の平和のためにみみずくんと孤独な戦いをしている存在の呼び名なのです。

村上さんは小説家ですから、「みみずくん」というたとえが現実の社会においてなにに当たるものかを具体的に説明することはしません。代わって、評論家の宇野さんが説明をこころみます。かつて人びとを搾取し苦しめるものは国家だと考えられていました。しかし、いまやグローバル資本主義——宇野さんはそれを市場経済と情報のネットワークに求めます——が国民国家を凌駕し、それを突き動かすシステムとして存在しているのだと指摘します。

だから宇野さんは、グローバル資本主義の正体はイメージすることが難しいものだと言います。こうした現象は、本書で言及してきた「謎めいた他者」あるいは精神分析家ラカンの「大文字の他者」と重なり合うものです。謎めいた他者は、具体的な個人や組織といった明確なかたちをとるとは限りません。それは文字通り、「謎めいた存在」として正体不明の状態でわたしたちの存在を規定するものなのです。

今日、「他人を尊重しよう」といったヒューマニスティックな言葉が飛び交っています。そこではあくまでわたしという存在が、他者とは関係なく独立した存在として先んじていて、その後にこの完結した存在同士が認め合うといった独我論的な立場が前提として想定されています。あるいは、自分が独立した主体として存在していることが保証されたうえで、自分から他者に働きかけるといった、能動的な「主体」と受動的な「客体」という関係が念頭に置かれています。

しかし、人間の主体はそのような自己完結した存在ではありません。他者の眼差しに捉えられたときにはじめて主体として誕生するものなのです。母親に見つめられることで子どもははじめて母親という主体の一部として社会に生まれ落ちます。大人になれば、会社などの組織に属することで、自分たちのアイデンティティが付与されます。アイデンティティとは自分が自分であるという自意識のことです。しかし、そうした自意識でさえ、他者との関係性がなければ成立しえないものなのです。

孤独、眼差しの不在

「透明なボク」という言葉を覚えているでしょうか。一九九七年に神戸市で発生した中学生による児童連続殺傷事件の加害者が、自分を形容した言葉です。かれは自分の犯罪を表明した手紙のなかで、つぎのように動機を告白しています。

悲しいことにぼくには国籍がない。今までに自分の名で人から呼ばれたこともない。……ボクがわざわざ世間の注目を集めたのは、今までも、そしてこれからも透明な存在であり続けるボクをせめてあなた達の空想の中でだけでも実在の人間として認めて頂きたいのである。(河信基『酒鬼薔薇聖斗の告白』)

この手紙は神戸新聞社に宛てられていますが、社会全般に宛てた手紙であるとも言えます。信頼できる身近な話し相手がかれにはいないのです。そこに、この少年の「透明なボク」という、悲鳴にも似た自意識の原因があるのだと思います。

「実在の人間として認めて頂きたい」という叫びの背後には、かれの母親からの拒絶と、それをたしなめきれない父親の弱さという家庭事情が浮かび上がってきます。母親からすればこんなに大切に育てて来たのにということになるのでしょう。しかし、母親の望むように育つことを幼い子どもに要求することは、ありのままの子どもを認めたうえでの子育てとはまったく異なるものです。

少年の両親もまた多かれ少なかれ、自分の人生のなかで未解決な問題を抱えて苦しんでいたのでしょう。親が引き受けきれないままに否認した苦しみは、家庭内の弱者へと、すなわち無抵抗な子どもへと転移されていきます。だからみんなこぞってなにか大きな他者の一部になって、自分の空虚さを埋めたいのです。親から拒絶された子どもは、親にたいして、自分を取り巻く世界にたいして、なにを感じることになるのでしょうか。

「誰もボクを見ていない」という絶望。親が自分を取り巻く世界のすべてである幼年期であればなおさらでしょう。子どもはこの世界からはじき出されて、社会の外側に放り出され、自分は生きる価値のない人間だと思うほかなくなってしまうのです。

「猫にも飽きてきたし、人を殺すしかないだろう。人の死を理解するというのはそういうことじゃないのか。お母さんから自由になり、自分を解放するにはそれしか道はないのだ」。少年は自分の心が投影された悪魔から、そのように命ぜられて戦慄します。しかし、かれの周囲にはこの悪魔から自分を守ってくれる人はだれもいなかったのです。だからかれは、「透明な存在だ」とつぶやかざるをえなくなります。ここにこそ、謎めいた他者の根本的な性格が示されているのだとわたしは考えます。

謎めいた他者そのものは、良い存在でも悪い存在でもありません。人間が知覚しきることのできない、意味を汲み尽くすことのできない多産的な場です。それを安定した秩序として分節化するか、混乱した暗黒として分節化するかは、あくまで産出される主体の側に委ねられています。分析心理学者であるユングが言った、意識としての人間と無意識としての神の関係になぞらえることも可能でしょう。

いずれにしろ、そうした謎めいた他者の眼差しに捉えられたときに、主体は、個人であれ組織であれ、なんらかの次元で誕生するのです。より正確に言えば、その眼差しを人間の側が捉え返したさいに、能動的な主体が生まれます。捉え返せないときには、その主体は謎めいた他者に服従することになり、集団的アイデンティティの一部として捕縛されることになります。

こうした固定化された秩序として現れた謎めいた他者を、ラカンは社会的に制度化された権威という意味を含めて「大文字の他者」と呼び表しました。大文字の他者もまた謎めいた他者と同様に、それ自体は良いものでも悪いものでもありません。基本的には、制度化された秩序として主体を安定させる働きをなします。ただし過度に安定すれば、抑圧的な社会的権威になります。他方、適切に機能すれば、固定化される前の謎めいた他者の眼差しが引き起こす過剰な情動や混乱から主体をまもる秩序として機能するのです。

親や学校など、大文字の他者による保護を失った世界。それが、かれが生き長らえてきた修羅の世界でした。この神戸の連続殺傷事件のほかにも、一九八八―八九年の宮崎勤による幼児の連続殺人事件、一九九九年の桶川市の女子大生殺人事件、二〇〇五年の大阪の姉妹殺人事件、二〇〇八年の秋葉原の無差別殺傷事件、二〇一四年の川口市での祖父母殺害事件など、一見異常にうつる性犯罪や殺人事件は、シラケ世代が後退した一九八〇年代以降もあとを絶ちません。

生まれてくるべきではなかった。（池谷孝司編『死刑でいいです』）

母親、そして二人の女性を殺害した青年はそう語りました。母親に拒絶され、思いを寄せる女性にも去られたかれは、この世界自体がかれを受け容れてくれなかったという諦念にいたります。そして、みずから死刑になることを申し出ます。もはやかれにはこの世界で生き延びていく理由が存在していませんでした。この世界には、計り知れない数の絶望が、それに負けないほどの残虐さとおなじくらい存在しているのです。

不均質な民主主義

かつて丸山眞男は成熟した個人が国民国家を支えるとしました。しかし、すべての国民はおろか、すべての知識人すら成熟した主体を形成することはできません。現在の知識社会の荒廃は、戦後社会の理念の行きつく先を示しています。丸山は個人を支える母体、すなわち大文字の他者を国民国家に想定した点で酒井直樹さんに批判されてきましたが、均質な自律した個だけをその主体とする点でも問題にされなければならないと思います。

そうした問題は、歴史学者の石母田正の英雄時代論、安丸良夫の民衆史をとおして克服の試みがなされてきました。成熟した個を想定するとき、他者との関係は基本的に排除されます。しかし、集団があって個が成り立つという発想をしたのが、丸山とおなじ時期に活躍した古代史学者の石母田正でした。かれは、個は集団との緊張関係によって、集団を代理表象する共同性とともに、その集団を教え導くことのできる指導性を有すると考えました。

アメリカの占領期に活躍したかれはその集団を、アメリカ帝国主義に対抗するなかで「民族」と呼び表しましたが、戦前の民族主義を想起させるものだとして厳しい批判を浴びました。それに代わって、「民衆」という母集団を提唱したのが、一九六〇年代に登場した民衆史家の安丸良夫でした。民衆とは民族主義といった政治性に直結する大文字の他者ではないと安丸は考えました。しかし、その一方で民衆という存在は、匿名の無責任性をも含意する「大衆」という存在とも表裏一体をなすものであり、歴史を変革する主体になるとともに、それを停滞させる無主体にも転落しかねないものだと、戦後の安保闘争の挫折を踏まえて提唱することになります。

かれらは丸山が「国民国家」を大文字の他者として想定したように、「民族」や「民衆」として、謎めいた他者を大文字の他者へと概念化していきました。しかし、見落としてはならないのは、そこで個と集団がともに作り上げる主体が、戦前の全体主義のように均質化されたものではなく、異質さに満ちた他者との理解の困難さ、すなわち非共約性を前提としたものであったということです。

理解が困難だからこそ、わたしたちはそうした他者にたいする想像力を育まなければなりません。相手の痛みが分かることを前提としてマジョリティや全体に同化するのではなく、その苦しみが自分の理解できないほどの痛みであることを認める必要があるのです。「理解困難なことを理解した共同性」は「理解できるという前提で集まった共同性」よりも、暴力的な排除や同化を伴わないのではないでしょうか。こうした他者理解のあり方は、歴史的背景の異なる人間が対話を試みるうえで、大きな可能性を切り開くものとなるように思われます。

石母田や安丸を批判する人たちは、自分たちのもっている民族や民衆のイメージをかれらの概念に投影した感が否めず、石母田たちも舌足らずであったこともあり、かれらの言わんとしたハイブリッドな主体性という考えを積極的に受け止めることができませんでした。「ハイブリッド」とは、けっして均質化しきることのできない、個々の多様性から構成される流動的な主体のことです。そのために石母田は英雄という強烈な個性を、安丸は宗教家やアウトローといった既成概念にはまらない考えをもつ個性をその集団の指導層に想定しました。

つまり、丸山の言うように成熟した個人が集まれば共同体の主体が成立するのではなく、強烈な個人とそうではない集団との非平等的な関係性からしか、主体というものは成立しないのだと石母田や安丸は考えていたわけです。

一見すると、ファシズムや全体主義の肯定と見間違えそうな議論ですから、丸山の視点が大勢を占めた戦後民主主義の主体理解とは相容れないところが多分にあります。しかし、こうした個人と集団が「逆立ちする」主体は均質化されることなく、かえって強烈な個人によって異質化された全体性がもたらされると石母田も安丸も考えていたことは、その著作を丹念に読めば明らかです。英雄や宗教家によって、その主体やそれをとりまく社会の全体像が提示されると、かれらは言います。

丸山のような対等な個人による民主主義の成熟という発想は、本書でもいく度か言及してきたハンナ・アーレントの公共空間をめぐる議論と共通するものです。丸山は大日本帝国、アーレントはナチスといった全体主義によって言論封鎖される「暗い時代」を経験したことで、強靱な思考をもった個々人に基盤を置いた社会を来《き》るべき戦後の民主主義の社会として構想したのでしょう。しかし、そこには謎めいた他者との応答関係のなかで個人が成り立つという視点はなく、個は他者との関係性に先立って存在する唯一無二のものでした。戦後日本の民主主義社会の未確立という現象は、まさにこうした対等な個人を基盤に置く社会構想の限界を示すものだったと考えざるをえません。

それゆえに、謎めいた他者との応答関係のなかで、個を集団との非対称性のもとに捉えた、石母田や安丸の主体概念が注目されるのです。個人として存在しえない個をどのように含みこんで、主体を構想するかという認識に立ってのものです。すべての個が個人として等しく主体として成熟する理念――まさに戦後民主主義が理念としたと同時に、現実として想定した認識の出発点――を、一度これまでの戦後の歴史を踏まえて断念すべきなのです。現実の民主主義は、まさにその個人としての主体の機能不全ゆえに、消費主義に翻弄された衆愚政治としてのポピュリズムに失墜したままなのですから。

このような認識に関連する重要な視点を示した海外の思想家に、アントニオ・グラムシ、さらにその流れを汲むシャンタル・ムフさんがいます。かれらはヘゲモニーという概念から、その組織に関わる知識人や政治組織が民衆のあり方を踏まえて、ひとつの政治的主体を確立するさまを論じてきました。

ヘゲモニーという言葉が国際政治における「覇権」と訳されてしまうときには、上から下への政治権力の押し付けとして、独裁国家に典型的に見られる概念として、戦後の日本社会では敬遠されてきました。しかしムフさんが解き明かしたように、ヘゲモニーとは現実の個人の成熟度の違いを踏まえたうえで、公共的な政治的領域を開かれたものとして、知識人が媒介しながら、多様な民衆の存在形態を結び合わせていく戦術なのです。言うまでもなく、そうした知識人あるいは政治家と民衆の接合は、一方から他方へのイデオロギーや欲望の押し付けになるのではなく、応答関係をとおした相互介入を経て変革主体を形成するものとして構想されるものとなります。

本書で強調してきたように、謎めいた他者の眼差しに捉えられた主体はその応答関係のなかで能動的な主体の構築を推し進めなければなりません。そのためには、いまだ市民権を得ていない声なき人びとの声に耳を傾ける感受性が必要なのです。それが東日本大震災での宗教ボランティアの活動で「傾聴」と呼ばれたものです。それは「小文字の他者」と呼ばれる、ヘゲモニーの確立した主体から零れ落ちた小さなささやきでもあります。

力道山ら旧植民地民たち、震災の被害者たち、戦争犯罪をしてしまったことを口にできずにいる旧日本兵たち、オウム真理教に盲従していた信者たち、殺人を犯した青少年たち。わたしたちはこうした社会から零れ落ちた声の可能性を、かれらの声に丁寧に耳を傾けることで、戦後社会の主体のなかに汲み上げていく必要があります。いちはやく村上春樹さんも、デビュー作『風の歌を聴け』（一九七九年）のなかで、社会から忘れ去られたものたちの声を聞くことの大切さを、その難しさとともに指摘しています。

死んだ人間について語ることはひどくむずかしいことだが、若くして死んだ女について語ることはもっとむずかしい。死んでしまったことによって、彼女たちは永遠に若いからだ。それに反して生き残った僕たちは一年ごと、一月ごと、一日ごとに齢を取っていく。

上手く聴くためには大文字の他者への盲従ではなく、その読み替えが必要になります。優秀なシャーマンが呼び出した霊に憑依されることなく、その霊と交渉するようにです。損なわれた人たちの恨みの泣き声の向こう側に、かれら自身も気づいていない、本当にかれらが伝えたいことをわたしたちが見出せなければ、不遇な死を遂げたかれらも、生き残ったわたしたちも救われないのですから。そこにおいてこそ、今日社会的意義を失った人文学もまた、新たな意義をもって再生する希望があるとわたしは考えてみたいのです。

もちろん、それがかならずしも大学という場や大手メディアの媒体である必要はありません。人と人が作り出すささやかだけれども、信頼できるネットワークのなかでわたしたちが新たな主体化を推し進めることは可能だと思うのです。酒井さんはそれを主体間における「翻訳の実践」と、アーレントは「人間関係の網の目」における相互の働きかけと、それぞれの理論的立場から名づけたのです。

このような視点に立ったとき、「主体」という概念にたいする理解もまた大きな変化を遂げることになります。主体とは自己存立の単位ですが、赤ん坊が母親や家族という主体の一部でしかないように、個人がかならずしもその単位となるとはかぎりません。むしろ、「家族」や「会社」や「学閥」、あるいは「国民国家」、あるいは「アイドル」との関係においてその一部として主体を構築し、アイデンティティを獲得することはけっして珍しくないのです。いいえ、わたしたちはほとんどそうして自分たちを保持しているのです。

それもまた良いことでも悪いことでもありません。たとえば、世に言う超一流大学を卒業したことを自分の誇りとして、そうではない人たちを見下す人などは、悪い意味で有名大学という主体の一部に同化されていると言えるでしょう。その人から某大学卒というレッテルを取ったらなにも残らないという例も珍しくありません。学者の世界で言えば、それがその大学の教授になった人が言うのならまだ分かるような気もしますが、むしろそこに残れず、同窓会でお荷物になっている人のほうが、後生大事に有名大学卒であることを自慢する例が多いようです。

そこから明らかになるのはアイデンティティというものは現実を反映したものというよりも、欲望なのです。自分が有名大学教授になれなかったという劣等感から、過度に大文字の他者への没入をみずから望んでいきます。これは有名大学や会社、あるいは知識人であれば「民主主義」という言説でも同様でしょう。そして、自分が属する大文字の他者と異なる場に属する人たちを見下したり、差別する現象が起きます。

すでに明らかなように、そこにあるのは正しさへの確信ではありません。自分が逸脱していることへの不安なのです。その逸脱の不安を鎮めるものは、そうではない他者に「逸脱者」の烙印を押し、自分ではなくかれらが不適切者なのだと分類をすることだったのです。それが極端なかたちで現れたのが大日本帝国時代の植民地主義であり、戦争中の殺人や強姦でした。

享楽される主体の反転

しかし、そこで獲得しようとする安心感――ラカンは「享楽（jouissance）」と呼びます――は、劣等感や分離不安が作り出した行動ですから、その欲望の源泉に向き合わないかぎり、けっして癒されることはありません。欲望とは、自分が突き動かされているかぎり、けっして対象化することができないものであり、その不安は増すことはあっても鎮まることはないのです。拡大する一方の帝国主義の侵略、増大する一方の資本主義の欲望。この満たされることのない快楽を、ラカンは「享楽」と呼んだのです。

それは自分の欲望ではなく、大文字の他者の欲望であり、他者が自分を使って楽しんでいるということなのです。有名大学というアイデンティティがそこに群がる人びとの不安を使って、みずからを可視化するように。資本主義という他者がそのゲームに巻き込まれた人びとの浮沈を使って、みずからを活性化させるように。ナショナリズムがそこに群がる人びとの優越感と不安を使って、みずからを拡大していくようにです。

かつてピーター・バーガーという宗教社会学者は、宗教を「聖なる天蓋」と呼びました。キリスト教にせよ神道にせよイスラム教にせよ、あらゆる宗教は個人の言動によって支えられているにもかかわらず、個人を超えた表象として宗教が機能することを明らかにしたのです。同様のことはいち早く一九六〇年代の日本で吉本隆明という評論家が、国家は共同幻想だと言明したときに、個人意識と共同意識は「逆立ちする」というかたちで指摘をしたことでもあります。

だとすれば、人間を眼差す大文字の他者が、わたしたちの幻想を養分にして成立しながらも、わたしたちを規定する根拠として機能することは、精神分析的にだけでなく社会学的にも説明可能な現象だといえるでしょう。他者とは個人という主体に働きかけられる客体ではなく、むしろ個人という客体に働きかける主体なのです。目的語（客体＝他者）と主語（主体）の関係は、ここにおいて認識論的逆転を果たすことになるのです。

柄谷行人さんもまた、夏目漱石の三角関係の恋愛小説を引きながら、個人という主体とは自己完結した存在ではなく、他者との関係性のなかでその位置が決定付けられるものだとして、「漱石が見ているのは、心理や意識をこえた現実である。……対象として知りうる人間の『心理』ではなく、人間が関係づけられ相互性として存在するとき見出す『心理をこえたもの』を彼は見ているのだ」と述べています。

おそらく、漱石は人間の心理が見えすぎて困る自意識の持主だったが、そのゆえに見えない何ものかに畏怖する人間だったのである。何が起るかわからぬ、漱石はしばしばそう書いている。……対象として知りうる人間の「心理」ではなく、人間が関係づけられ相互性として存在するとき見出す「心理をこえたもの」を彼は見ているのだ。（「漱石試論Ⅰ」）

柄谷さんの登場によって、主体には他者との関係づけによって決定付けられる客体の地位が明確に与えられるようになったと言ってよいでしょう。たしかに、他者から働きかけられる主体になることが、あらゆる個人の主体が歩まなければならない第一歩でしょう。わたしたちはそうして、会社に、国民国家に、帝国に、学閥に、戦後のイデオロギーに染まってきました。しかし、個人が主語となって他者を目的語として、捉え返すという関係をそこから展開させることも可能なはずです。酒井さんの言う「翻訳の実践性」とは、こうした目的語の位置に落ちた個人の主体を、その関係を認めたうえで、主体的に読み返す実践の技術なのです。

さきに紹介した宇野常寛さんは、村上さんの小説に出てくる「みみずくん」に現代の謎めいた他者を読み取ったわけですが、それを言語化する想像力を育むことが今のわたしたちの課題だと指摘しています。『『私たちの世界そのものを揺るがし得る大きな、とてつもなく大きな存在でありながら、世界の〈外〉ではなく〈中〉に存在するもの。そして人格をもたず、物語を語らず、理解できないもの』にかたちを与えること』、それが必要だと訴えているのです。

そこで問われているのは、芸術家や宗教家あるいは学者たちの表現する能力なのです。個人が主語となって他者を目的語として捉え返すような関係性を実践するにあたって鍵を握るのが、「共感」と混同されることのない「同情」にもとづく、相互理解だと思います。

この観点から、戦後日本を象徴する平和憲法を捉え直してみましょう。米軍占領という大文字の他者の眼差しのもとに成立したこの平和憲法ですが、それを日本という主体のもとに意義を読み替えることは可能ではないでしょうか。その点について、酒井さんは平和憲法をアメリカと日本のあいだのみの日本の非武装という文脈からずらして、「日本人でない人びとへの語りかけ」へと転換していくとき、日本の平和憲法は被害者意識だけでなく、加害者であったことの反省にもとづくものとして、東アジア諸国をはじめとする植民地経験を有する国々とも共有しうるものになると考えます。

紛争と戦闘の続く現在の世界情勢において、この平和憲法が依然としてアメリカの軍事的傘下で護られることを不可欠の前提とすることは厳然たる事実です。しかし、だからこそ可能になった平和憲法を、戦争を批判する人類恒久の理念として、現実の軍備体制と表裏一体のものとして滑り込ませていくことは可能なのではないでしょうか。なにしろ、わたしたちの社会は陵辱される被害者としても、陵辱する加害者としても人間の恐ろしさを十分に体験してきたのですから。だからこそ、自分を被害者の側に置き、人間性の善のみを自分の本質とするヒューマニズムの偽善性に反対しなければならないのです。パンドラの匣の物語が如実に示すように、希望は闇を回避するのではなく、それを突き抜けたところに、あるいはそのただ中にこそ見出されるものなのですから。

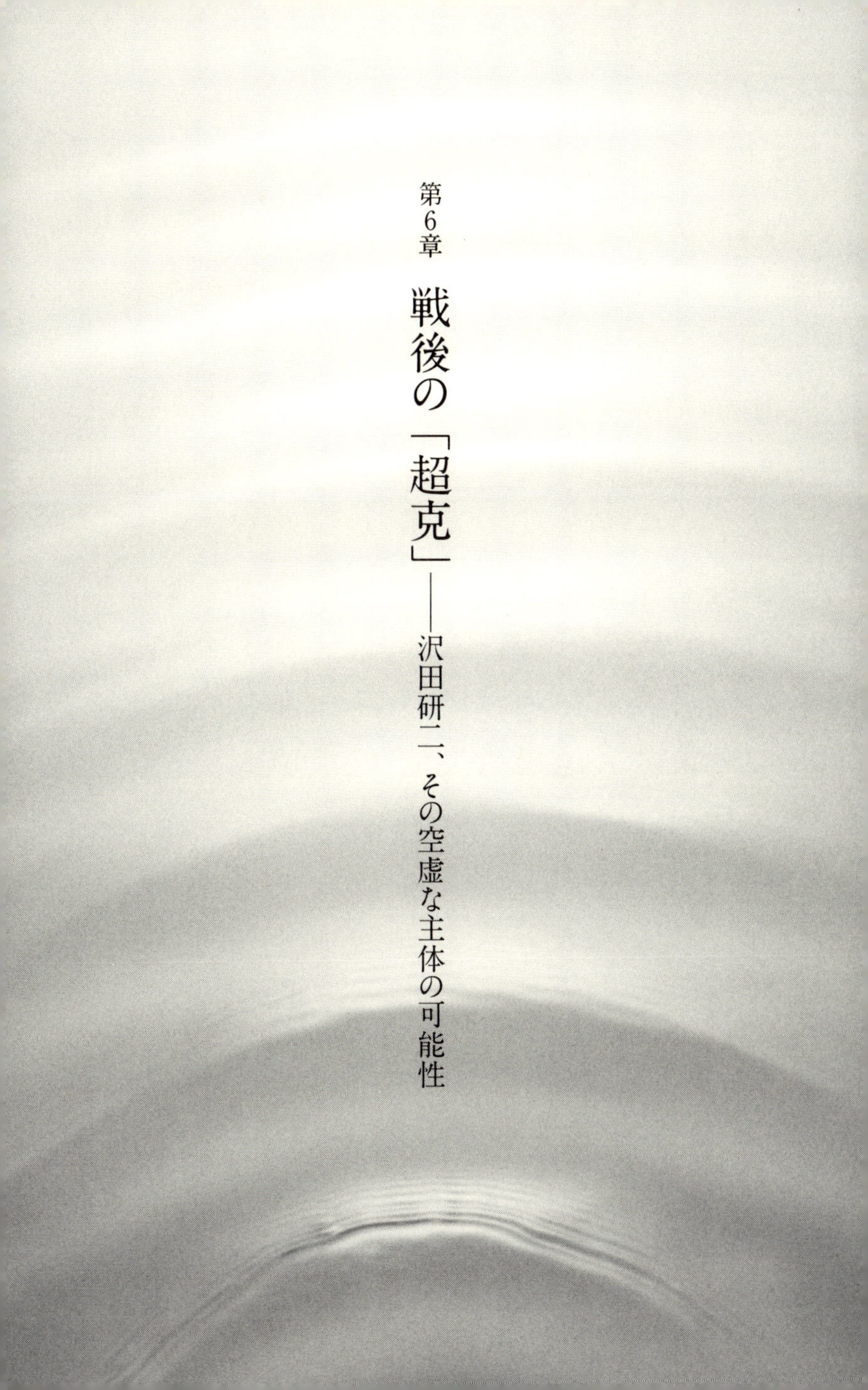

第6章

戦後の「超克」——沢田研二、その空虚な主体の可能性

結局のところ、戦後の日本社会というパンドラの匣の底に、希望は見つかったのでしょうか。いち早く、戦後日本の民主主義の虚妄を見抜いた太宰治はほどなく、命を絶ってしまいました。みずからの切なる願いにもかかわらず、ついに希望を見つけられず絶望の淵に沈んでしまったのです。ギリシア神話のストーリーから言えば、かれはいまだ底に留まっている希望を目にする前に、失望のあまり、これ以上災いが飛び出してしまっては大変だと、慌てて匣の蓋を閉めてしまったのです。

ではその後、戦後を生き抜いてきた人たち、あるいはバトンを受け継いできたわたしたちは、太宰に代わって希望を見つけることができたのでしょうか。ここまで読み進めてきた本書のなかには、希望が見えないように思われることでしょう。

東日本大震災をはじめとする戦後の災害で亡くなった犠牲者や遺族のつぶやき。原爆や原発の核エネルギーの犠牲者になってきた人たちの無言の声々。力道山や金嬉老ら、現在の国民国家体制からはみ出た旧植民地民たちの苦しみ。自分のおこなった戦争犯罪を恥じる人びと、あるいは戦争暴力を被った犠牲者や死者の沈黙。オウム真理教のような現世否定の宗教教団に走らざるをえなくなった信者たちの不安。無頼派からシラケ世代、そしてスマホ世代にいたる若者たちの居心地の悪さ。

本書ではかれらがいかに戦後の日本社会から排除され、その存在を否認されてきたのかを見てきました。実のところ、かれらの苦しむ声々や沈黙をここに書き記してきたことが希望にもなっているようにもわたしには思えています。

かつて、「近代の超克」とよばれた試みがありました。戦時中、一九四〇年代のことです。西洋列強に押し付けられた近代を、東洋がみずから克服しようとする試みでした。近代とは西洋出自のものであり、東洋はそれとは別の伝統を有する。そうした西洋近代と、東洋伝統の二項対立の下に、その超克が考えられたのでした。結局のところ、それは大日本帝国を軸とする大東亜共栄圏が、西洋近代からアジアを救い出すという、日本の植民地主義を下支えする論理へと押し流されていきました。

西洋近代から解放される希望が、大日本帝国によって与えられるというわけです。しかしご承知のように、その試みは西洋列強およびアジアの植民地にたいする日本の敗北によって座礁することになります。むろん、その試みの果てにアジアの人びとを解放する希望が本当に存在していたかどうかは、きわめて疑わしいところではありますが。今となっては、そもそも西洋近代の外部に、日本をはじめとするアジアが存在するのかという発想自体が問われなければならないでしょう。

心を取り戻す

インド出身の批評家、ガヤトリ・スピヴァクさんはかつて「サバルタンは語ることができるのか」という問いを提起しました。「サバルタン」とはイタリア語で、服従する人びとという意味です。スピヴァクさんの答えは「サバルタンは語れない」でした。他集団に服従するしかない立場に置かれた人びとは、言語文化に長けたエリート層に言葉を奪われた状況にあります。むろん、日常の会話においてはなんら問題ありません。エリート層よりも饒舌なサバルタンもいることでしょう。スピヴァクさんはそうした日常の会話能力を、私的領域における「おしゃべりする（talk）」と名づけました。それに比して「語る（speak）」とは公的領域における表現能力のことです。この点において、かれらは公共的な政治領域において自分の意見を表明する機会に恵まれていないのです。

それならば、公共空間にかれらを連れて来て、自由に喋らせればよいと言うかもしれません。しかし、それまでの教育的背景もあって、いきなりそうした機会を与えられても、かれらはうまく話すことができません。表現に関する技術がないというのもその一因ですが、そもそも自分の明確な意見を形成する習慣が養われてこなかったのです。ですから場合によると、支配層であるエリートたちが望むことを鸚鵡《おうむ》返しのように繰り返すのが自分たちには一番よいことなのだとさえ思ってしまいます。

そこでスピヴァクさんは、「有機的知識人」と呼ばれる、自分の属する社会のために行動する知識人がサバルタンたちの胸中を代弁すべきだと主張します。もちろん、エリートとサバルタンでは置かれた社会的位置が異なりますから、エリートがそのままサバルタンの気持ちをうまく言い表すことなどできるはずもありません。そもそもサバルタンたちが言語化された明確な意見を有しているとはかぎりません。だからこそ、「翻訳」と呼ばれる表現行為が必要になるとかの女は考えたのです。

それは、自分は当事者ではないという自覚をもって、表現者たちが当事者の発する言葉を体系化するだけでなく、そこにある本当の願いや苦しみを、かれらの無意識に触れて読み取るという作業です。技術に長けたイタコが、降ろしてきた死者の霊に憑依されてしまうことなく、その魂と交渉しつつ、死者の心の底にある想念や願望を読み取るようにです。それはさまざまな想いに乱れがちな死者自身に、本当に願っていたことはなんであったかを気づかせる行為なのです。「サバルタンは語ることができない」からこそ、代わりにその心を読み解く第三者、すなわち翻訳者の存在が求められるのです。少なくともわたしにはスピヴァクさんはそのように語っているように思われます。

宗教者や知識人のような、こうした翻訳者が介在することで、現実に埋もれていた声々を、その記憶を呼び起こすことが可能になるのです。その痕跡は日常においては、そこかしこに散らばっています。ただ、公共空間にまでは届いていないだけなのです。そこにこそ、希望の声が残っているのだとわたしは思います。そして、この主題を扱った作品が、ノーベル賞作家のカズオ・イシグロさんの小説『埋もれた巨人』(二〇一五年、邦訳は『忘れられた巨人』)です。

主人公である一組の夫婦の暮らす世界は平和なのですが、なぜかかれらには気になることがあって、なにか目に見えない衝動に突き動かされて旅を続けています。しかし、自分たちがなぜ旅をしているのかが思い出せずにいるのです。それを思い起こすための旅ともいえます。旅の途上で自分たちを付け狙う敵とも、自分たちを助ける味方とも出会います。しかし、最後に大きなどんでん返しが起こります。敵と思えた存在こそが真の味方であって、味方と思えた存在こそが真の敵だったことが判明するのです。

驚くべきことに、なにが敵でなにが味方かという、そうした認識自体が塗り替えられていたのです。悪い記憶は竜の魔法で忘却させたままのほうがよいのだと主張する騎士と、記憶を取り戻したい主人公は、記憶の消去をめぐって激しい議論を展開します。

そうです。人びとがもう憎しみあわないようにするために、記憶が意図的に書き換えられてしまったのです。しかし、それを思い出してしまったために、ふたたび人びとは憎しみの感情に身をさらすことになります。そうした愛憎に満ちた世界を選んだところで、この物語は終わります。主人公は自分の過去のおこないをみずから引き受けていこうとしたのです。それにたいして騎士は、人間は弱いものだから、記憶を消してしまったほうがよいと言っていたのです。主体の形成をめぐる本質的な議論です。

さらに、この物語は自分の記憶の外に出ることがいかに大変なことか、そもそも人びとはそれを望んでいるのかどうかを問いかけています。記憶というわたしたちをかたどる世界の外に出ることがいかに困難か。それを本当に望むのか。一方で、衝動に突き動かされるようにどうしてもそれを望む人間が存在することを示しています。

実はわたしは、この物語にヒントを与えた作品があると考えています。イシグロさんの友人、村上春樹さんの作品『世界の終りとハードボイルド・ワンダーランド』（一九八五年）です。この作品では「世界の終り」と「ハードボイルド・ワンダーランド」という二つの世界が並行して描かれます。主人公の肉体の置かれている現実世界と、その心の奥底で思い描かれる世界です。「世界の終り」と呼ばれる、心の奥底の世界はつぎのような醒めた諦念が支配しています。

心が消えてしまえば喪失感もないし、失望もない。行き場所のない愛もなくなる。生活だけが残る。静かでひそやかな生活だけが残る。君は彼女のことを好むだろうし、彼女も君のことを好むだろう。君がそれを望むのなら、それは君のものだ。誰にもそれを奪いとることはできない。

諦めの世界です。人と深くかかわることを断念し、愛憎の世界に巻き込まれることを拒否する。他人を信用することもないから、裏切られて傷つくこともない。かき乱されることがないから、心の平安が保たれるというのです。「世界の終り」の住人は言います。体から影を切り離してしまえばいいのだ、と。影、それは心の闇です。人に見捨てられた悲しみ、人を見捨ててしまった罪悪感。そうした心の澱《おり》のようなものを、その記憶自体を捨て去ってしまう。そうすることで成り立つ優しい世界なのだと。

他方、「ハードボイルド・ワンダーランド」は、人間の愛憎に満ちた世界です。主人公の女友達はこう語ります。

覚えているのは、私がその秋の雨ふりの夕暮に誰にも抱きしめてもらえなかったということだけ。それはまるで——私にとっての世界の終りのようなものだったのよ。暗くてつらくてさびしくてたまらなく誰かに抱きしめてほしいときに、まわりに誰も自分を抱きしめてくれる人がいないというのがどういうことなのか、あなたにはわかる？

それはさびしさという心の影を他人に打ち明け、それを共有しようとする世界です。心を抱きしめてもらいたい。傷つけられるかもしれないけれど、それでも相手の心に自分の気持ちを預ける。こうした世界を村上さんは「ハードボイルド・ワンダーランド」と名づけました。その向こう側には、心を開いてくれた相手といたわりあう世界が開かれると同時に、その世界に入ることのできなかった人びとの数多くの涙が流れたわけですが。

最終的に、主人公は感情の世界を選び取ります。自分が想いを寄せる人に愛を告げて断られるかもしれない世界です。しかし相手と出会う喜びは、出会うことを拒絶する物語があるから成り立つものなのです。相手に心を動かされなければ、傷つくことも起こりえないのですから。

「走れメロス」のハッピー・エンドは、幸せな場合には当事者のあいだで信頼が成り立つことを物語っています。だれにとっても、ハッピー・エンドは望ましい結果です。しかし、実際にはうまく成就するとはかぎりません。むしろ相思相愛は稀有な例といえるでしょう。だとすれば問われるべきは、自分の想いが具体的な人間につうじたかどうかではなく、どれだけその想いを自分が保つかなのです。

他人を愛することを望むなら、相手の影や傷まで受け容れなければなりません。相手の愛し方は自分の流儀とは違うかもしれません。だからこそ、その交流のなかで、自分も相手もともに変わっていくのです。なぜならば、信頼とは相手とともに変わろうとする意志でもあるからです。心の世界は光と同時に闇に満ちています。それがいくら正しくても、理屈だけでは人間の心の闇はなくなりません。物質的な復興は可能でも、心の傷はなくなりはしません。

海底の君へ

わたしにはどうしても脳裏から離れない光景があります。「海底の君へ」(二〇一六年)という、いじめを扱ったNHKのテレビ・ドラマのワンシーンでした。それは世界の水底に沈んだ少年の姿です。

暗く淀んだ水。水面から遠くはなれ、かすかな光も差し込んできません。その身体は重く沈み込んで浮き上がってくる気配もありません。といって底に横たわっているのでもないのです。ゆらゆらと不安定に漂っているだけ。どこまで沈んでいくのか定かではありません。かれの肉体がそこにあることをだれも知りません。だれにも気づかれない死。だれにも顧みられることのない人間。そんな人間がこの世界には無数にいるのです。

世界でいちばん顧みられることのない人間。そうなるのが恐ろしくて、わたしたちもまた海の底に沈められるのが怖くて逃げ回っているのではないでしょうか。そして、だれかに救いを乞うてきたのではないでしょうか。

主人公は中学生のときにいじめを体験した青年です。いじめにあっているかれの苦しみを、周囲は「気のせい」、「悪気があるわけじゃないよ」と言って、真剣に受け止めてくれません。さらにいじめはエスカレートします。ある日とうとう、クラスの同級生たちに担がれて海の中に投げ込まれてしまいます。そのとき、かれは自分のなかのなにかが死んだのだと感じました。

そう、それは人間としての「尊厳」でした。止めてくれる人も、ひどいいじめだと怒ってくれる人も周囲にはいませんでした。先生さえも、親さえも、だれも助けてはくれませんでした。その日からかれは「人間」であることをやめなければならなくなりました。

それから学校に行けなくなり、ひきこもることになります。人間が怖くて、働いてもすぐに体調を崩してしまい、職場をやめなければならなくなります。そんな生活の繰り返しのなかで、母親が家を出てしまいます。ひきこもりの兄がいることで、妹の婚約も破談になります。かれ自身が家族の重荷になっていることに耐え切れなくなっていきます。死んでしまえばいいのにと自分で思います。しかし、死に切れませんでした。中途半端な気持ちのまま、死者として日々の生活を生きていました。

そんななか、同窓会が開かれるという連絡をもらいます。同級生がやってきて、「参加しろよ。みんな会いたがっているぞ」と言います。考えたあげく、意を決して、かれは参加することにします。

その集まりには、かつて自分たちがいじめたことをすっかり忘れた同級生たちがいました。かれらは同窓会でも中心人物でした。明るく、にぎやかで、軽薄なところもそのままでした。「冗談だよ。深刻になるなよ」。かれらの無責任さに怒りをおぼえ、とうとう、みんなも殺して自分も死のうと決意します。ダイナマイトを体にまとって、みんなを巻き添えにして自爆しようとすると、かれらはいとも簡単に謝るのです。そんな簡単に謝るくらいの気軽さで、自分の人生が、家族の人生がメチャクチャにされたことに、かれはあらためて衝撃を受けてしまいます。

この話ほど決定的な出来事にはいたらないにせよ、無邪気さからくるいじめはわたしたちの日常でも身近な出来事です。平気で人をいじめるにもかかわらず、人にいじめられれば傷つく。そんなことは子どもの世界ではさほど珍しいことではないでしょう。卑怯で弱い存在であることもまた、わたしたち人間のひとつの本性であることは紛れもない事実です。

だからでしょうか、わたしはふと思うのです。あのとき少年とともに海の底に沈んだのは、自分でもあったのではないか。あの少年はたんなる被害者ではなく、加害者であることにも苦しんでいたのではないか、と。被害者の自分と向き合うこともみじめで苦しいことですが、同時に加害者であった自分と話すことはもっと混乱と苦痛を引き起こすことでしょう。

それでも、「海底に沈んだ自分」ともう一度話をしたいのです。あなたはなにものであるか。あなたが望んでいるものはなんなのか。その言葉にならない言葉に耳を傾けなければならないと強く感じます。

「もう大丈夫だよ。わたしがここにいるから」。そう声をかけてあげたいのです。その手をしっかり握ってあげたいのです。それだけでも十分に生きていく勇気になるのではないでしょうか。

震災後に東北を訪れたときの光景は今もまぶたに焼き付いて離れません。晴れ渡る青空、瓦礫だけが広がる大地。一面火の海だった場所からは、月日が経っても木の焦げたにおいが漂っていました。それは、平和ボケとも言われる戦後の日本社会で育った世代の自分にとっては経験のない異様な空間でした。

被災地では生者と死者を分かつ境界線は自明ではなく、幽霊を見たという噂がいたるところで囁かれていました。いまだ死者がわたしたち生き残った者のまわりにいるかのようでした。そのような状況のなか、被災地に入った宗教者やボランティアたちもまた言葉のない世界へと沈み込んでいきました。自分がだれかの役に立つ、そんな傲慢な思いは悲嘆にくれた人びとを前に瞬時に打ち砕かれたのです。だれもが津波に呑み込まれ、深い海の底から光る水面を眺めているかのようでした。

そのとき、希望とは闇の深さを知るものにしか与えることができないものだとわたしは思いました。相手の痛みが分からないという無力感に裏打ちされなければ、絶望の淵にいる他人の気持ちを受け止めることなどできないでしょう。わたしの深く信頼する友人がこう教え諭してくれました。

「たしかに闇そのものがなくなることはないと思う。だからこそ、その闇が養分となって、希望の花を咲かせることもあるんじゃないかな。だとしたら、闇は醜いものでも恥ずかしいものでもないんじゃないかな」。

己の無力さを痛感するとき、人間は無用の存在として自分もまた死者にほかならないことを理解します。しかし、そうした無力な自分を受け容れられることができたからこそ、あのとき被災地で死者たちの言葉にならない囁きが聞こえてきたのではないでしょうか。この死者のざわめきこそが、経済的成長に浮かれてきた戦後の日本社会が耳を塞いできたものに他なりません。

現場を歩けば多くの光景を目にすることができます。多くの体験をすることができます。しかし、それは聴く者見る者をも闇に引き込む危険をはらみます。こうした現地での体験は、強い光に満ちた言葉によってかたちを与えて、被災地の外にいる多くの人たちに共有されていく必要があるのです。そのとき、なぜ理論と呼ばれる言語表現が必要になるのかが、了解できたように思います。沈黙や闇に呑み込まれまいとして苦しんでいる人びとほど、自分たちを包み込んでいる状況を言葉に表したいと願わざるをえないものだからです。

かけがえのないあなたへ

ところで、みなさんはペロー童話集にある青髭の物語をご存知でしょうか。この物語は、ある少女のところに金持ちの男性、青髭が花嫁にならないかと結婚を申し込みに来ることから始まります。青髭はとても優しい人でしたが、どこか不気味なところがあります。ある日、旅行で屋敷を空ける青髭は、新妻に鍵を預けてこう言います。「わたしが出かけているあいだ退屈でしょう。色々な部屋の鍵を預けていくから、開けて楽しみなさい。ただし、ひとつの部屋だけは絶対に開けてはいけません。約束できますか」。約束をしたものの、何日も続く一人暮らしに飽きた妻は、とうとう禁じられた部屋を開けてしまいます。そこにあったのは、女性たちの血まみれの死体の山でした。恐怖のあまり落としてしまった鍵は血に染まり、旅から戻ってきた青髭に約束を破ったことがばれてしまいます。そして、青髭は鬼のような形相で秘密を知ってしまったかの女を殺そうと迫ってくるのです。

この物語はさまざまなかたちで解釈されてきました。わたしはここで、信頼という観点から捉えてみたいと思います。青髭は自分の恥ずべき過去に苦しんでいました。だからその過去を開かずの間に閉じ込めて、封印をしてしまったのです。一方で、その闇を嫌がらない相手が現れるのを待っていたのです。お金持ちだからではなく、そうした闇を抱えた自分を受け容れてくれる相手を、です。

しかし相手を信じ切ることができず、その真心を試してしまうのです。「本当にわたしの闇を受け容れてくれるのですか。こうした疑いにあなたは命を賭して応えてくれますか」と。そして闇を知られてしまうと、それまでの優しかった態度を一転させて、相手の女性に死という罰を与えるのです。自分の恥部を見せたがゆえに、その愛情が一瞬にして憎しみに転じるのです。

日本の民話、鶴の恩返しもそうです。人間である夫が妻の正体が鶴であることを知ってしまったため、妻はみずからを恥じて自然の世界に戻っていかなければならなくなります。この場合は、怒りのあまり暴力を行使するのではなく、悲しみのあまりの別離が起きたのです。

子どものころ、親との信頼関係を確立できなかった人は大人になっても、相手を信頼することが苦手だと言われます。少しでも、自分の意にそぐわないことが起きると、自分の存在そのものを否定されたと思い、その関係自体を破棄してしまいがちです。青髭の物語はそうした心の闇の根深さを伝えているようにも思えるのです。

しかし同時に、その心の闇をどのように扱ったらよいのかというヒントも、この物語は示しているように思えます。青髭は恥じなくてもよかったのです。「その闇は光に転じるのよ」と言ってくれる相手がいれば、それでかれの苛立ちは鎮まったのではないでしょうか。

そして、青髭はまた、相手を試してはならなかったのです。たとえ裏切られようとも、どれだけ悩もうと、最後はメロスのように相手を信じ切らなければなりませんでした。たがいがか弱い人間だからこそ、試してはならなかったのです。信頼は試すものではなく、育てるものだからです。結局のところ、青髭は自分の不安に負けてしまったのです。

不定形な不安にかたちを与えて、肯定的な力に変容させていく。それが「理論」と呼ばれる言語行為の役割です。それは単に抽象的な言葉をもてあそぶことを意味するものではありません。その言葉をとおして日常を生き直すことなのです。それこそ、東北の被災地の学生たちが求めてやまない「理論」という言葉の意味でした。

たしかに不十分な理論は過酷な現実の前に敗北していくことでしょう。「オウム真理教事件で宗教は叩かれたけれど、東日本大震災以降、宗教の善い面が改めて認識された」といった程度の評価では、なぜオウム真理教事件で宗教の名のもとに人が殺されたのかが解き明かされることはないでしょう。人間の心はもっと複雑怪奇なものであって、闇と光の入り交じったものなのですから。

村上春樹さんは『1Q84』のなかで、人間の心の闇についてつぎのように語っています。

この世には絶対的な善もなければ、絶対的な悪もない。……善悪とは静止し固定されたものではなく、常に場所や立場を入れ替え続けるものだ。ひとつの善は次の瞬間には悪に転換するかもしれない。逆もある。ドストエフスキーが『カラマーゾフの兄弟』の中で描いたのもそのような世界の有様だ。重要なのは、動き回る善と悪とのバランスを維持しておくことだ。どちらかに傾き過ぎると、現実のモラルを維持することがむずかしくなる。そう、均衡そのものが善なのだ。

表現行為こそが均衡を作り出すのです。善だけでも悪だけでも均衡を欠いたものとなってしまいます。善と悪の双方がそろってこそ、両者のせめぎ合いのなかから、希望は花開くのですから。だからこそ力強い言葉が、卓越した理論研究が混沌とした現実と向き合い、そこから意味を汲みだしていくために求められているのです。

戦後日本社会の心の復興は、いまだ成し遂げられていません。わたしたちが犠牲者や被災者から学ぼうとしないかぎり、かれらの声に耳を傾けないかぎり、かれらも救われないでしょう。そしてわたしたちも、かれらを見捨てたという罪悪感に呑み込まれていくことでしょう。キリスト教で言う「受難」――苦しみを共にすること――という言葉をわたしは思い浮かべざるをえなくなります。

もうだれかひとりに苦しみを押し付ける偽りの平和とは決別しなければなりません。みんなで苦しみや闇を共有し、それを絆に変える「希望の社会」を作っていかなければなりません。

前章で紹介した村上さんの「かえるくん」の小説に戻りましょう。かえるくんは主人公のサラリーマンにこう語りかけます。

片桐さん、実際に闘う役はぼくが引き受けます。でもぼく一人では闘えません。ここが肝心なところです。ぼくにはあなたの勇気と正義が必要なんです。あなたがぼくのうしろにいて、「かえるくん、がんばれ。大丈夫だ。君は勝てる。君は正しい」と声をかけてくれることが必要なのです（「かえるくん、東京を救う」）

かえるくんは繰り返し主人公に「片桐さんにやってほしいのは、まっすぐな勇気を分け与えてくれることです。友だちとして、ぼくを心から支えようとしてくれることです」と語りかけます。自分を見つめてくれる「大文字の他者」が必要だと言っているのです。わたしはそれをかつて、「どこにもいないあなた」と呼びました。その眼差しが主体を立ち上げる力と勇気を与えてくれるのです。

しかし、「どこにもいないあなた」が抽象的な観念のままでは、神仏の存在が死に追いやられた現代の世俗社会では力をもつことはできません。だからこそ、具体的な人間をとおして、あるときは沢田研二さんのようなポップスター、あるときは身近な恋人や親友、家族をとおして、目に見えない「謎めいた他者」の力を感じることが必要になります。

かれらは生身の人間ですから、謎めいた他者自体ではありません。しかし、かれらがその投影を引き受けることで、「謎めいた他者」は現実の社会のなかに姿を現すことが可能になります。青髭にとってのの妻のようにです。「転移」と呼ばれる感情の流入現象は、謎めいた他者の像を具体的な相手に重ね合わせることで起きるものなのですから。そして、いずれは謎めいた他者は自分という主体を作り上げている幻想世界の主であり、現実に眼前にいる相手とは異なることに気づきます。そこまで謎めいた他者の役割を引き受けてくれた相手に感謝することになります。

ここで自分の幻想を他者に投影した「恋」は終わります。しかし、相手を理解しようとする「愛」がそこから始まるのです。青髭が暗い過去をもっていたとしても、それもまた自分の愛する人のひとつの姿だと妻が受け容れたとき、愛が始まるのです。鶴の恩返しの話でも、妻が異界の存在であることを夫が受け容れられるのならば、鶴はこの世界にとどまることができたのだとわたしは思います。

かえるくんにとっては、それが片桐さんの役割にあたるものなのです。ここで「大文字の他者」の同化する力は後退し、個人との関係を後ろから支える肯定的な力へと転じていきます。主体はもはや均質化されることなく、異種混淆的な存在としてたがいの前に、多様な「個人」の姿を取って立ち現れることになります。かれらの眼差しが、存在をおびやかす不安によって解体されたこの世界の秩序をいまいちど新しいかたちで回復してくれるのです。

天皇の影

映画『ゴジラ』は東京を破壊しますが、けっして皇居や靖国神社を攻撃しようとはしませんでした。だとすれば、ゴジラが体現する被爆者も戦死者も自分たちを死に追いやった原因を、天皇の責任には帰していないことになります。あるいはそうしたいと思っても、現実に足を踏み出すことができなかったと言うべきなのかもしれません。そこには、イシグロさんの小説『埋もれた巨人』と同様に、隠された記憶があるのです。戦後の日本社会にとって、天皇こそが埋もれた「巨人」ということになります。みずからメスを入れることのできなくなった傷、あるいはタブー、それが天皇制なのです。

広島に行くと、今でもかつての市街地の中心部にはなにもありません。平和記念公園という巨大な喪の空間が、膨大な数の追悼モニュメントとともに、広がっています。東日本大震災やチェルノブイリの例から、壊れた原発から拡散する放射能の影響は何十年どころか何百年も続くことが指摘されています。広島という被爆地において、その被災は果たして終焉したのでしょうか。『はだしのゲン』では、だれが被爆者なのか、その特定は不可能なままに次々と人びとが倒れていく場面が終始描かれていました。もうすでに被爆の経験は終わった、人びとは放射能被害の外部にあると言い切れるのでしょうか。暗い気持ちで、わたしは平和記念公園を後にしました。そして、その北側にある広島城へと足を運びました。

その入り口には、靖国神社と関わりが深い護国神社があります。戦争の英霊を祀ったこの神社は、平和記念資料館以上の数の地元の人たちで賑わいを見せていました。お宮参りの人びと、恋愛祈願の人びと、会社の繁栄を願う人びと。そこには広島という地方都市のささやかな日常があります。原爆の過去ばかりを思い出すことでは、人びとは前に進んではいけないでしょう。

しかし、この神社が本来、天皇の名のもとに戦死した人びとを祀る神社であることをかれらは知っているのでしょうか。一部被爆者を含むとは言え英霊を祀る護国神社と、平和記念公園の原爆供養塔は矛盾することなく、地元の人びとの記憶のなかに共存しているのでしょうか。平和記念公園から護国神社まで、わずか徒歩二、三十分の距離にあるのです。

たしかに、東京で靖国神社や明治神宮を通して天皇制を寿ぐ人たちには、広島や長崎で死んでいった被爆者たちの存在は関係ないでしょう。そして、天皇制を賛美する外国人の研究者たちは、この国が戦時体制になれば、すぐさま自分の母国に戻ることでしょう。しかし、この土地で生きていかなければならない人たちは、どうしたらよいのでしょうか。それでも天皇制を支持するのでしょうか。あるいは、その暗くて重い記憶ゆえに、天皇制を信じることでしか、天皇によって祀られることでしか、被爆者や戦死者は救われないのでしょうか。

近代天皇制という公共空間を全体主義化させる装置を批判しろというのは、所詮は非当事者に過ぎない学者の論理でしかないのでしょうか。だとしたら、天皇の名のもとに日本兵に殺されていったアジア人の苦しみはどう考えたらよいのでしょう。あるいは「天皇陛下万歳」、と叫んで玉砕していった日本兵の痛ましい死を、だれの責任に帰したらよいのでしょうか。

しかし、そういった天皇の眼差しに貫かれた国民国家のあり方とは異なる主体の形成のあり方もまた存在します。たとえば、屋久島の詩人、山尾三省は「祀られざるも神には神の身土がある」という宮沢賢治の言葉をとおして、祀られぬ神である自分自身を、その卑賤さや罪悪感をふくめて、ひとりの他者としてせめて自分が受け容れようとする決意を語っています。そこに均質化された公共空間には同化されることのない、しなやかな強さをもった個人が日本社会にも成立する契機があるようにも考えられます。

こうした他者としての自己との齟齬や己の卑賤さを認めたときに、かえって既存の権力的秩序に祀られることがないがゆえに、路傍で祀られる神として、自己完結することのない神としての自己が、個であると同時にハイブリッドな公共性を支える存在に変容する可能性も出てくるのではないでしょうか。そのためには均質な国民を作り出す象徴天皇制とは異なった、多様な主体を作り出す謎めいた他者が必要になるでしょう。そのひとつが「まつろわぬ神」ではないでしょうか。

現在の神社仏閣のパワースポット・ブームは、まつろわぬ神を統御し鎮めることで最後は均質な主体を作り出す天皇を、必要不可欠な祭主として肯定してしまう危険性をはらむものです。それでも天皇制の祭祀システムには、一方でこういった独裁的な祭主の権威を転覆する可能性をも見出せるようにも思われるのです。天皇制が公共空間を担わざるをえなかった日本の近代社会を変転させる秘密がそこに隠されているのではないでしょうか。

日本の政治・文化的な秩序を独占する立場にある者もまた、古代の、あるいは現代の天皇もそうであるかもしれないように、その独占的立場ゆえに、全国のまつろわぬ神々が祭主の占有する秩序を転覆するかもしれないという不安におびやかされてきました。一般国民にはほとんど詳らかにされてはいませんが、膨大な数に及ぶ皇室祭祀のほとんどは国土の神々を祀る祭祀なのです。

たとえば御体御占《ごたいのみうら》という儀式は、天皇の身体が平安であるか否かを六月と十二月に占うものですが、そこでは天皇の身体に不調をきたさせるのは諸国の神々だと信じられています。それゆえにこの儀礼を執り行うなかで、神祇官は皇祖神を祀る伊勢神宮だけでなく、宮中、京中、畿内、そして七道と全国の神々が天皇の身体に祟りをなしていないかどうかを順次調べていくのです。つまり、天皇の身体である「御体」、すなわち玉体はつねに日本列島の神々の影響に曝されているのです。

おそらくは、本来祀るという行為自体がこのような秩序転覆と、自身への災いを招きかねない危険な不分明地帯に身を曝すものであったのです。伝承によれば、仲哀天皇は神の命令に背いたためその怒りに触れて殺されています。まつろわぬ神や霊の流入を防ぐという朝廷の祭りには御門祭《みかどまつり》や道饗祭《みちあえのまつり》などもあって、似た論理がみられます。王の身体や居住地はたえず日本列島のまつろわぬ神々あるいは祀ったはずの神々に侵食される不安に晒されているのです。

だとすれば、祭主という存在も、国民やまつろわぬ神々にたいする主体形成のイニシアティヴをもった大文字の他者であるにとどまらず、国民や土地の神々によってその地位や身体を機能不全に陥れられる危険性を抱え込んだ危うい存在ということになるでしょう。歴史家の石母田正が指摘したように、古代日本において姓をもたない人間は二種類存在しました。そのひとつが天皇家の人間です。近代においても天皇は、嘉仁《よしひと》や裕仁《ひろひと》という名の示すとおり、姓をもつことはありません。たとえば、服部や佐伯、あるいはわたしの磯前といった姓が、原理的には天皇への奉仕関係によって規定された姓であるがゆえに、その姓を付与する立場の天皇は命名者であっても、命名される者ではないのです。そして、もうひとつの姓をもたない存在が奴婢です。律令国家の公民として認められない、社会的権利を有さない奴隷の民のことです。かれらは社会権をもった人間として認められないがゆえに、姓を与えられることはなかったのです。

イタリアの美学者ジョルジョ・アガンベンさんにならえば、この二種類の、社会の両極に位置する天皇と奴婢は、ともに社会の法秩序に従う必要のない、あるいは法秩序に保護されることのない例外状態に属する者と考えることができるでしょう。本書の議論からすれば、この例外状態に属する者は、一方は祭主、他方はまつろわぬ神ということになります。一方の天皇が祭主たる主権者としてみずからを、法秩序を超越した存在として、法を措定したり停止したりできる存在であったのにたいして、もう一方の奴婢は天皇がそのような主権者たりえるために、その法秩序から排除され、みずからの生殺与奪権を失った「剝き出しの生」へと転落させられるのです。

しかし、天皇をめぐる神祇儀礼の内実から見るならば、そういった例外状態を作り出す天皇もまたみずからが例外状態につねに身を曝しているために、例外状態に追いやられたまつろわぬ神々や奴婢によって、同質化したはずの秩序の根源や権威を、その外部や内部から転覆されるのではないかという恐怖におびえているのです。

この不安こそが、祭祀の主権者であろうとするときに、どうしても引き受けなければならない主体の抱え込んだ代償なのではないでしょうか。天皇が主権者たるには、その聖性の根拠として剝き出しの生を自己の存在の内部に抱え込まざるをえない事情があったのです。それは、丸山眞男が「天皇の存在は……皇祖皇宗もろとも一体となってはじめて……内容的価値の絶対的体現と考えられる」と指摘するように、天皇自身の個人としての主体性の無さとおなじものでしょう。

極論するならば、祭主の身体と霊魂は自分自身のものではなく、むしろそうした全国の祀られた神、さらにはまつろわぬ神々によって構成された複合体として存在していると考えるべきではないでしょうか。それゆえに天皇の身体はさまざまな神々の意向によって容易に侵犯され、感応してしまう。

だからこそ天皇はそうした神々を祀り上げる資格を有するのですが、その資格は同時に自分の身体が自分ではない他者によって構成されている事態と表裏一体をなす。それゆえ祭主でありながら、むしろ祭主であるからこそ神の怒りに触れて死んでしまうこともあったのです。

現人神という主体

近代天皇制が説く「現人神」としての天皇とは、個人としての人間がそのまま神であるという万能性のもとに、こうした祟られもする祭主であり祭神である天皇家の脆弱さを隠蔽しようとしました。近代以前においてもおなじ「現人神」という呼称が可能であるにしても、それは神の万能性によって個人としての人間の権威が全面的に保証されていることを意味するものではないのです。むしろ前近代では神によってつねに脅かされうる、不安定な神と人間の関係を示すものだったのです。

近代の天皇制は王権に潜むそうした脆弱さを覆い隠そうとしたがゆえに、つねに自分が万能である確信を得るために、沖縄や北海道に始まり、台湾や朝鮮半島、そして東南アジアへと植民地を次々に拡大しては、そこに神社を打ち立て、現人神としての万能性を大日本帝国の臣民、そして自己自身に証明し続けなければならなかったのではないのでしょうか。植民地においてこそ近代神道の本質はより鮮明に、より苛酷なかたちをとって析出されたと考えるべきなのではないでしょうか。

もちろん、戦後の社会は主権が国民に移行しており、天皇もまた現人神であることをやめて人間宣言をしたことは事実です。だから、戦前までとは状況が異なるというのが今日の一般的な見方かもしれません。しかし、人間宣言にもかかわらず、現在にいたるまで天皇は戦前の国家神道の祭祀儀礼を「皇室祭祀」という名のもとに、国民の象徴という立場で執行し続けていることも確かな事実です。

その現実に国民が気づいていようがいまいが、祭主としての立場は依然として変更されることはありません。伊勢神宮に祀られた天照大神が天皇家の皇祖神であることも変わりがなく、天皇家が頻繁に参拝に行くことも以前のとおりです。植民地を失ったとはいえ、日本国民というアイデンティティの完全さを象徴するものとして天皇制が機能し続けている点では、今も戦前とおなじなのだと考えられるのではないでしょうか。たとえ、平成時代の天皇が個人として立派な民主主義者であったとしてもです。繰り返し言うように、天皇制という制度と、天皇という個人は峻別されるべきものなのです。

さらに主権の問題を考えれば、アガンベンさんはその著作で、現在の主権が君主に属するのか国民に属するのかという議論よりも、主権者が立脚する構造そのものを問題にしました。すなわち、主権者とは法を措定するとともに停止させる力能を有するために、みずからを剝き出しの生である例外状態に関係づけるメカニズムから生まれ落ちた存在です。

だとすれば、国民という主権者が天皇を自分たちの国民国家の象徴として同化することで、国民自身が天皇という象徴をとおして明治神宮や靖国神社の祭主となることに変わりはありません。そうすることで、まつろわぬ者を祀り上げて国民国家へと包摂すると同時に、祭祀に従わない者を排除していくことで、公共空間の秩序を作り上げていくのです。このメカニズムそのものをわたしたちは問題にしなければならないのです。

しかし、この排除しつつ包摂するメカニズムを、「世界がぜんたい幸福にならないうちは個人の幸福はあり得ない」という宮沢賢治の言葉に重ね合わせて論じるならば、特定の人間を例外状態へと追いやることで、それと引き換えに全体が幸福や秩序を得ることは、近代民主主義の理念から考えて本来あってはならない事態であるはずです。その意味で、皇室祭祀のみならず公的行為としての皇室行事で酷使されている天皇家の人たちにたいしても、かれらを祭主の地位あるいは祭神の地位へと祀り上げるのではなく、社会的権利を享受するひとりの人間として解き放つべきではないのでしょうか。

なぜならば、かれらもまた例外状態に曝されている者だからです。生身の人間が例外状態におかれることほど、過酷な状況はないでしょう。こうした例外状態に天皇家を追いやっているのは、天皇制支持者や神道者だけでなく、戦後は法的に主権者と規定されている、わたしたち日本国民自身なのです。だとすれば、天皇制に代わる大文字の他者をどのように見つけるのかこそが、戦後の日本社会、さらに言えば近代の日本社会を望ましく終わらせるための最大の課題なのではないでしょうか。

このように祭主もまた、それがかつての絶対的な主権者でありつつも、不安定な存在であるとするならば、祀られた側である地方の神々もまた、天皇家によって完全に封じ込められているだけではないと考えるべきでしょう。祀られる神々がその祭主をとおしておのれの主体を確立するのと同様に、祭主である天皇の主体もその祀られる神々との関係を通してしか自己を確立することはできません。だれひとりとして、どんな強大な政治的あるいは宗教的な君主とて、自己を自己の力だけで主体化することはできないのです。だからこそ、明治神宮は自社への国民の参拝が維持され増大するようにと、あれほどの精力を費やすのです。靖国神社もまた政府の要人、可能ならば天皇家の人びとの参拝を求めてやまないわけです。

祭祀行為の主体である祭主と、その対象である祀られる存在は深く結びつき合って、たがいの主体をともに構築してきました。宮沢賢治が言うように、その祭祀のメカニズム――祭祀主体と対象の共形象化――から、自分らしさを保つ単独者として逃れ出ることは容易なことではありません。祀られぬ神さえも、みずからを排除した主権者たる祭主の栄光を言祝ぐ存在とも言えるのですから。

しかし、もしわたしたちが他者の欲望に同化したいという願望、あるいは他者を同化させたいという欲望――それはいずれも主体の本質的な空虚さを埋め合わせようという行為です――から、ほんの少しずつでもその身をずらすことができるのならば、その正体を知ることはできませんが、それゆえに語りかけてやむことのない大文字の他者の声は、天皇制という「全体性」として固定化された同一性から剝がれ落ちていくことになるのではないでしょうか。

個性的な顔の復権

ユダヤ人の哲学者、エマニュエル・レヴィナスが個性的な「顔」という比喩をとおして述べているように、自分たちに呼びかけてやまない大文字の他者の声々に耳を傾けていくこと。そのときに、その声を天皇のような唯一の真理として他人に押し付けなければ、多様な謎めく他者の声々に自分の日々の生き方を開いていくことも可能になるでしょう。

古来、そうした大いなる他者の声を、地球上の多様な地域においてそれぞれのやり方で、人間は「神」と呼び表してきたのです。しかし、人間はその正体を捉え切れないはずの謎めいた他者の声をつねに自分の認識に合致するかたちで普遍化し、そこに他の人びとを同化させようとしてきました。それゆえに、同化を拒む者はまつろわぬ者として排除され、同化された者は祀られた神として祀り上げられることで、本来の謎めいた性格が徹底して損なわれてきたのです。

しかし、ラカンが大文字の他者は同時に小文字の他者でもあると述べたように、その謎めいた他者は固定化した大文字の名前を与えようとすると、その願望からするりと身を逃れて、記述不能な新しい小文字の神を次々に生み出してきたことも事実なのです。

グローバル資本主義が世界を包み込みつつある現在だからこそ、国内だけでなく国外においても、主権者や民族の名のもとでの同質化と排除を推進することのない、個々の主体の形成のあり方を模索していく必要があります。天皇という祭主であり祭神である装置を駆使して、人びとの公共空間や公私をふくむ社会的領域を占有的に同質化しようとする自分の欲望と日本人は向き合っていかなければならないでしょう。

アーレントはナチズムやスターリニズムといった全体主義との闘いのなかで、人びとの多様な発言を可能にする公共領域はこの個人の複数性から構成される広場（アゴラ）であると述べました。しかし、こうした個人の存在自体は公共領域が成立する以前からまったく別個に独立して存在するものではありません。そうではなく、おなじひとつの大いなる他者の声に誘われて、それをそれぞれの理解のもとに分節化して成立したおなじ土台をもつ多様な主体だということを見落としてはなりません。

そうした他者の声を、明確な権力主体に回収されないかたちで耳にした瞬間の記憶を、宗教人類学者の山形孝夫さんはつぎのようにエジプトの砂漠のなかでの出来事として語っています。

誰かが、出し抜けに私の名を呼んだ。私は驚いて振り向いた。そんなに遠い距離ではない。人影らしいものはどこにもなかった。私はすぐ、これは錯覚だとおもった。そして歩きはじめたとき、もういちど背後から私の名を呼ぶ声を聴いたのだ。風の音ではなかった。人間の声だった。その声は、もういちど聞こえて消えていった。

私は、ぎょっとして立ちどまった。そしてそれが、私の遠い日の記憶の底にある母の声だとおもった瞬間、説明しようのない大きな感情の塊が、どーんと私を直撃した。私は凝固したまま、動くことができなかった。不安定な奇妙な感覚であった。よくはわからないが、懐かしさと寄《よ》る辺《べ》なさの入りまじった感情であった。

私はいま、死者たちのなかにいる、とおもった。（『死者と生者のラスト・サパー』）

ここまでの議論もまた、力道山やゴジラに代表される被爆者、戦争や震災の犠牲者たちに誘われることによって、天皇に祀られつつも、けっして祀り尽くされることのない謎めいた他者からの深い呼びかけにたいする、ひとつの応答として現れ出たもののように思われます。興味深いことに、太宰治はこうした声が聞こえてくる過程を、「待つ」行為として「誰とも、わからぬ人を迎えに。……私の待っているものは、人間でないかもしれない」と語っています。さらに、かれは待つ行為を希望をもってつぎのように記述します。

私を忘れないで下さいませ。毎日、毎日、駅へお迎えに行っては、むなしく家へ帰って来る二十《はたち》の娘を笑わずに、どうか覚えて置いて下さいませ。……あなたは、いつか私を見掛ける。（太宰治「待つ」）

太宰が言うように、謎めいた他者は自分の望む姿をとって現れるとはかぎらないものなのでしょう。自分の待つ相手が本当に来るのか来ないのか。そもそもだれが来ることになるのか。それは待つ身の自分の意志では決めることはできないものなのです。自分の心に語りかけてくる声の持ち主をじっと待つ。焦らず、そうしなさいと、太宰は述べているのです。

それこそが村上春樹さんが描く「かえるくん」が望む、「がんばれ。大丈夫だ。君は勝てる。君は正しい」という信頼の眼差しの持ち主なのです。信頼を成熟させるには時間がかかります。たがいの交流をゆっくり、でもしっかりとすすめていくことで、かならず自分にとっての「かけがえのないあなた」が見つかるはずです。そこに不定形の謎めいた他者が、かけがえのない大文字の他者として受肉化されていく瞬間があります。国家権力や既成のイデオロギー、社会的成功の是非に左右されない確固とした関係を構築するためには、こうした確かな関係を、大文字の他者とのあいだにおいて樹立することが必要なのです。

こうした関係があってこそ、宮沢賢治が唱えたような、日々の生活に根ざした、寡黙だが確かな野の道へとつながっていく道が開かれていくのでしょう。その道端で、だれにも知られずひっそりと花を手向ける者こそが、「祀られざるも神には神の身土がある」ことを知る人なのです。

結局、戦後の日本社会は戦前の天皇制の代わりになる、確かな大文字の他者を望ましいかたちで作り出せませんでした。それが戦後社会の限界だったとわたしは思います。だから、今一度、荒野に降り立ち、ふたたび歩み始めなければならないのです。わたしたちの多くは忘れていますが、福島第一原発周辺の市町村には住人が戻れない地域が、畑が原野に戻りつつある場所が今まさに存在しているのですから。

虚無を映し出す大きな瞳

今、わたしは一九七〇年代のシラケ世代を思い起こしています。一九七〇年代の、物質的には豊かになったけれど、精神的に苦しくて仕方なかったあの時期です。あの当時人気のあった表現者の多くはもう活動をやめてしまったけれど、一貫して活動を続けてきた沢田研二さんは東日本大震災での鎮魂の歌を経て、現在ふたたび脚光を浴びています。かれの原点とも言える一九七〇年代の沢田さんはなにを考えていたのでしょうか。

わたしは映画『太陽を盗んだ男』を見て、沢田さん演じる主人公はなんて大きな空虚さを心に抱えて生きているんだろうと思いました。だからこそ、原爆を持つことで自分に生きる意味を与えようとしたことに強い衝撃を受けました。シラケ世代がみずからが抱える空虚さをどうやって埋めるのか、どうやって心の空虚さに立ち向かうのか。そうしたファンの思いを投影させるようなキャラクターが、一九七〇年代をとおして、かれが確立していったものだったと思います。

わたしが「大きな瞳が虚無を映し出す」とよく言われていた沢田さんに注目したのは、ただシラケていただけではなかったからです。シラケを超えていく情熱を、歌やお芝居を信じることで、シラケているものを一生懸命生きて超えていくというメッセージを、表現行為に向かう姿勢から自然と発していたからだと思います。シラケ世代の虚無感とひたむきさは一見相容れないように見えますが、それがひとりの人間のなかに共存しているところが沢田さんの特徴でした。

その沢田さんが一九七一年に参加したPYGというバンドの曲に、「花・太陽・雨」というものがあります。わたしはこれを聴いたときに大きな衝撃を受けました。ほどなく、リーダーの井上堯之《たかゆき》さんが「これはアルベール・カミュの『異邦人』をモチーフに作ったんだ」とコメントしたのを知りました。それは、色のない世界に花が咲く、なにもない世界に太陽が輝く、乾いた土地に雨が降る、そういう意味のない世界に意味をもたらしてくれるのがあなたの愛だという歌でした。

そのもとになったアイデアは井上さんが若い頃から持っていたそうです。かれは伝記のなかでずっと自分が生きることがむなしくて、苦しくて、人気者になってもむなしかった。音楽をやっても意味がなかった。その苦しみを音楽という表現をとおしてぶつけてみようということで作ったと述べています。そのときに沢田さんに出会って、沢田というのは一生懸命とにかくやる、なんでも一生懸命やる。それは、エンターテインメントでも芸能界でもコントでもやる。歌もやる。どんな些細なことでも、欲しないことでも、自分が引き受けたことには積極的な意味を見つけようとしている沢田にこの歌を歌わせたいと、井上さんは感心していたようです。

さきほどのシラケ世代の特質と関係するわけですが、ここで歌われている内容は、自分のむなしい人生をどうやって満たしたらいいのかと悩んでいるところに、花や太陽、雨という恋人の愛情が入ってきて光が差し込むというものです。カミュの描き出した不条理の世界を超えて、なにか生きる意味を探そうという、とても肯定的な歌でした。ひとりの人間の抱える孤独から湧き出る表現は、この世界に存在する無数の孤独と多様に共鳴していくことになるのでしょう。

沢田さんの結婚を祝した比叡山コンサートのアンコールのときでした。一度バンドとともに引っ込んで、かれだけがひとりギターを抱えて出てきて、弾き語りを始めました。イギリスのロック・スター、デヴィッド・ボウイが「自分はいつかステージの上で殺されたい」とスターとしての覚悟をやはり同時期に歌っていましたけれど、それを思い出させるような沢田さんの歌詞でした。

振り返ることは好きじゃないから
ただ明日のことを思って生きていこう
みんなにしてあげられることはひとつも見つからないけれども
歌なら歌える（「叫び」、沢田研二作詞作曲）

そして「死にたい、いつか舞台で／死にたい、歌を枕にして」と、ついには叫ぶのです。それを聴いて、沢田さんの歌手としての覚悟というか、自分は表現者なのだ、歌を歌うことに人生の意味を見つけて、それで人生は終わってよいのだという気持ちでいることを知りました。それほどに沢田さんは歌うという行為に生きることの意味を見出していたのです。それを理屈ではなく、ひとりきりの弾き語りという演奏をとおして表現していたのが印象的でした。

学問の真理など信じられない現在の状況もまた、一九七〇年代のシラケ世代に共通するようにも見えます。しかし、かつてのシラケ世代がそうした真理の喪失を恥じる気持ちを意識して、言語化していたのに比べると、今の社会状況はこうした真理の喪失そのものを、起こっていないかのようにみんなで否認しているように見えるのです。

だとすれば、かつてシラケ世代が沢田さんという時代の旗手を生み出したのとおなじようには、現代社会がなにか文化的あるいは思想的な象徴を作り出すのは困難な状況にあるように感じます。しかし、こうした危険な状況だからこそ、沢田さんの表現者としての軌跡に今あらためて、わたしは着目したのです。そこには空虚であると同時にひたむきに生きる、あるいは空洞化した主体、欠損した主体であるがゆえに、その欠損部を接合点にして他者とつながる可能性も開かれてくるのではないかと思うのです。

自己充足したアイデンティティをもつと信じたい者は、その自己完結した主体のあり方ゆえに、自分とは違う考え方や感じ方をする存在を受け容れることができません。むしろ欠損部があるからこそ、それが破れ目となって、他者へとつながっていくことができるように思われます。

本人が気づいていなくても、だれかがあなたを見つめており、あなたもまた無意識にだれかを待っているのではないでしょうか。いく度失敗しても、勇気を持たなければなりません。傷つくことを恐れてはなりません。そうしたマイナスの経緯を含めて、人間関係の信頼は十分に時間をかけて、ゆっくりとたがいの人生をかけて育んでいくものなのです。

今度こそ、謎めいた他者を、確かなかたちで現実の社会のなかへと、あるいは心のなかへと受肉させていかなければなりません。そのためにこそ、シラケ世代の旗手、沢田さんが見事に演じたように完全には実体化されることのない、空虚な主体が前提とされなければならないでしょう。じっくり、ゆっくり、そしてひとりになることを恐れることなく。なぜならば、謎めいた他者への応答関係のなかで個々の主体が存在可能になる以上、わたしたちは生まれ落ちた瞬間からすでにひとりではないからです。

本書でなにが論じられたのか

さて、本書の長い旅も終わりに近づいてきました。わたしたちはこの旅を上手く泳ぎきることができたのでしょうか。太宰が絶望したパンドラの匣《はこ》の底に希望を見出すことはできたのでしょうか。アメリカの占領、原発、公害、地震と津波、テロ、被差別部落民や在日コリアンらのマイノリティへの差別。その一端を挙げるだけでも、戦後の日本社会には実に多くの災いが起きました。

そして、ついには民主主義の死です。民主主義を唱える者が、その名のもとで言論封殺や差別を平気でおこなう。それが戦後社会がたどり着いた厳しい現実なのだと思います。ただ本当は、民主主義は死んだのではないのです。もともと生まれたことさえなかったのです。酒井直樹さんの言葉を借りるならば、「死産した」のです。民主主義という名前はむやみやたらと飛び交ってきたものの、その実体を生み出すことができませんでした。それを社会にたいして批判力のある理念をそなえた制度として作り出していくのは、まさにこれからなのです。

戦後ずっと、得体の知れない不安が社会を取り巻いてきました。どんな災いが起きるのか分からない。自分が社会的に没落するかもしれない。わたしたちは、さまざまな天災や人災にたいして、社会の共同性や公共性を上手く構築できてこなかったのです。その結末が民主主義の死です。平等な社会の不成立。社会における、おたがいへの不信感。その結果としての利己主義の横行。それが戦後社会の行き着いた現在の姿でしょう。

だからこそ、現実にはなにも問題は生じていないのだとする「否認」という態度が生起します。戦後の経済的繁栄が朝鮮戦争やベトナム戦争、沖縄基地の犠牲と引き換えにもたらされたこと。近年では大都会の電力エネルギーが周辺地での原発ビジネスの進出と引き換えにもたらされたものであること。わたしたちは自分が加害者として、他人の苦痛を代償として、経済的繁栄を謳歌してきたことを一貫して否認してきたのです。

しかし、こうした否認は被害者のみならず、加害者にも幸福をもたらしませんでした。だれかを犠牲にして得た幸福は、社会に罪悪感や恥の感覚をもたらします。だからこそ、それを打ち消すために日本の民主主義はなんの問題もない素晴らしいものだという、自己幻想に人は浸ってきたのです。そのときに人びとに安定したアイデンティティの枠組みを与えてきたのが、「日本人」という主体を立ち上げる基盤になってきた国民国家です。

他民族から切り離された単一民族国家という幻想は、戦前の日本が植民地主義国家であったことも、その幻想が、今もなお国内の一部の地域を原発や軍事基地の犠牲にして、植民地化を国内外で推し進めたから成り立つものであることも忘れさせてくれます。そこでわたしたちは他人だけでなく、自分の心のなかの弱者への感受性も切り捨ててきたのです。そんな自分に出会いたくないからこそ、社会は天皇制という大文字の他者に盲従することで、排他的な主体を作り上げてきました。国民のアイデンティティの基礎をなす規定力を依然有するという点で、戦後の天皇制もまた戦前の天皇制となんら変わりのない役割を果たしてきたのです。

こうした見地に立つと、「超克」という言葉に今あらためてどのような意味を込めたらよいのかも明らかになってきますね。現在の超克は、戦争中の「近代の超克」のように西洋近代か東洋の伝統かという、それぞれに自己完結した二者の対立関係を前提としたものではないのです。

沢田研二さんが空虚な人生と承知しつつも一生懸命に生きて、みずからの人生の意味を積み上げていったように、超克する対象を現在の自分から切り離すのではなく、自分を作り上げている歴史的な規定要因として引き受け直す姿勢を、現代の「超克」は意味します。過去の社会の影響から完全に逃れ出て、その外部に立つことではなく、むしろその影響を深く認識し、その影響の内部に潜行すること。内部でも外部でもない「外部性」という余白——「いつかどこかで」と呼ばれるような、どこにもないがゆえに、どこにでも現出しうる時空間——をつかみとることが大切になるのです。

この態度こそが戦後日本社会がなしえなかったことであり、今ここそ求められている「超克」の姿勢だと思います。それが達成できた時こそ、自分自身にたいする、そして社会にたいする信頼というものを確立することが可能になるのです。要するにわたしたちは、みずからの不都合な過去を「否認」するあまりに、日本社会および個人という主体を形成し損ねてしまったのです。勇気を持たないとき、人は希望も失うものなのですから。

おわりに――戦後社会という世界の外で

孤独のメッセージ

ポリスというロック・バンドの「孤独のメッセージ」というヒット曲をご存知でしょうか。この曲から受けたイメージを私なりに捉え直して言葉にすると次のような感じです。

ぼくは離れ小島からSOSのメッセージをビンに詰めて流す
もう孤独はいやだ。だれかぼくを助け出してほしい
そんなとき、島の外に目をやると、
何千という孤独のメッセージのビンが流れて行くではないか

自分ひとりではなかったのです。数え切れないほどの人たちが「孤独のメッセージ」を、さまざまなかたちで世界に向かって、ふたたび世界に属せるようにと発信していたのです。災害の被災者、戦死者、被爆者、在日コリアン、被差別部落出身者、誤った教祖に導かれた信者、戦争犯罪を犯した者たち、かれらに殺された者たち、いじめで命を絶とうとした者たち。この本では、戦後の日本社会の表舞台から姿を消した者たちのさまざまな声を拾い上げてきました。

そうです。本書はかれらの世界に向けた「孤独のメッセージ」なのです。切り離された世界とふたたびつながるために、読者に向けて放たれたメッセージなのです。

世界からの疎外

戦後復興のなかで置き去りにされてきた人たちの心の闇。それはどうしたら癒すことができるのでしょうか。心の渇きはどうやったら潤されるのでしょうか。身体は世界のなかにありながらも、精神的には世界から疎外されている人たち。江國香織さんはかれらの心境を女スパイにたとえて、つぎのように説きます。


絶望を追い返すことなど、誰にもできないのだ。……絶望は言う。

「本業はいまでも女スパイだろう？　世界の外側にいるんだ。内側には、永遠に入れてもらえない」

知っている、と、私は思う。そのことはよく知っている、と。（『ウエハースの椅子』）

自分が世界から締め出されている不安。例の「世界不安」という感覚です。自分を包み込む世界そのものが意味を失って解体されてしまう、剝き出しの裸になった自分への不安、そして無力感。自分という主体の意味の喪失でもあり、社会の庇護から放り出されることでもあります。そしてなによりも、自分自身で自分を見捨ててしまっているのです。

『ジキル博士とハイド氏』の物語をご存知でしょうか。聡明で礼儀正しい紳士、ジキル博士。一方、自分の破壊衝動や性欲を満たすことばかりの野卑なハイド氏。みな、ジキル博士を好んで、ハイド氏を嫌う。当たり前のことです。しかし、品行方正なジキル博士が、「醜い『ハイド』は、聡明なジキルが生み出した、切り離すことのできない闇なのです。ハイドを殺すためには、ジキルも同時に殺さなければなりません」と言うのです。

絶望がどこから来るのかが、分かるような気がするではありませんか。聡明さや優しさ。そこから置き去りにされた心の闇は復讐にやって来るのです。だれも見たくない猛々しく、汚らわしいハイド氏の姿をして。「ハイド」とは英語で「隠されたもの」を指す名前です。

戦後の日本社会は、欠損のない完璧な主体の姿を追い求めるあまり、現実のいびつな自分の姿を認めることを拒否してきました。しかし、心の奥底では醜悪な自分の姿を思い、ずっと恥じてきたのです。困難な状況に置かれた多くの人たちを見捨て、豊かな生活を享受してきた戦後の身勝手な状況を無意識裡には分かっていたのです。しかし、自分でも受け容れられない醜さや不気味さを、どうやって他人に理解せよと要求することができるのでしょうか。

世界の外で待ちぼうけをしていた自分の分身、ハイド氏はとうとう世界の内側に入ることができませんでした。江國さんは絵画に託して、人間の本源的疎外感を「体の奥がざわめくなつかしさ」と表現するとともに、「人間は一人一人みんな、確かに世界から疎外されているのだ」(『日のあたる白い壁』)と人間の本質を説明しています。

だから、太宰治は「うちへ帰る」と、うわごとのように言ったのでしょう。でも、帰る「うち」とは一体どこを指していたのでしょうか。そもそも、この世界に帰れる「うち」が存在したことがあったのでしょうか。

こうした状況のなか、苦境に陥った人たちは助けを求めて世界にメッセージを放ちます。どのメッセージがあなたのもとに漂着するのか、あなた自身が決めることはできません。運命を天に委ねて、ただひたすら待つのです。待つものが訪れるかどうかは正しく待つことができるかどうか次第なのです。

いつか、どこかで

わたしには姉のような付き合いの日系アメリカ人の友人がいます。幼い頃にアメリカに移住したため、自分が母語とする日本語が喋れないことを苦にしていました。かつてわたしがアメリカに滞在したときには、英語の日本地図を見せては、ここがわたしの両親の故郷だ、いずれは故郷に戻りたいのだけれどと話してくれました。ただ、もう日本には親類もいないし、なによりも日本語ができないので、故郷に戻っても生活することができないと悲しそうでした。

「たしかに、故郷に家を持つことはできなかったかもしれないわ。でも、だから世界中が家になるのじゃないかしら。家を持った人に世界を旅することはできないわ。でも、家がないから、世界中を棲家《すみか》として、世界を旅する勇気を持つことができるんじゃないのかしら」。

その言葉が世界の外側から内側へとわたしを招き入れてくれることになりました。世界に家を持たない者こそが、世界そのものを家とすることができるように、放逐された者こそが、希望なき希望と接する資格を与えられるのです。「世界」とは、学界でも職場でも家族でもあります。戦後の日本社会でもあります。それは、「どこにもいないあなた」が具現化した、あらゆるかたちをとった「かけがえのないあなた」でもあるのです。

小説家の鷺沢萠《めぐむ》さんは孤独な人間たちが出会う時間が脱臼された空間を、「十二階の高さにぽっかりと浮かんでいる」不可思議なマンションの一室として描写しました。

ほろ酔い加減で朴さんの部屋に帰ってきて、朴さんの腕に包まれながらいろんな話をしているあいだ、美亜はよくそんなことを空想したりした。

雲みたいに夜空にぽつんと浮かんでいる空間の中を流れる時間もまた、一日は二十四時間というごくあたり前の時計が刻むものではなくて、この空間のために用意された特別の時軸にのっとって流れているみたいだった。（「さいはての二人」）

それは「どこにでも顕れることができると同時に、どこにもない時空間（another time, another place）」、「いつか、どこかで」と呼ばれてきた時空間です。どこにもない余白であるがゆえに、空虚さを本質とするがゆえに、どこにいても、身近なだれかを通して現出可能なものなのです。しかも鷺沢さんの小説では、この空間で出会う相手も朴さんという在日コリアン、力道山と同様に、戦後の日本社会に居場所を見出せなかった「どこでもないあなた」とされていました。

人間はだれしも、「世界一淋しいあなた」だと思うのです。世界一淋しいからこそ、おなじように絶望に打ちひしがれている、もうひとりの「世界一淋しいあなた」の苦しみに心が共鳴するのではないでしょうか。

ソウルメイト

「ソウルメイト」という言葉をご存知でしょうか。人間には、だれにでも魂の伴侶、ソウルメイトと呼べる存在がいるそうです。ソウルメイトもまた、待つという保証のない行為のなかで、待つ者の予想を超えたかたちで姿を現します。いいえ、待ち続けるという希望そのものを放棄するときに現れ出るものなのです。なにも望まない。救済さえ、己の我執だとして放棄するときに、人間の思惑を超えたなにかが起きるのでしょう。

眼前に人間が現れなければ、神仏が現れるはずです。そうでなければ、なんのための神仏の救いでしょうか。だから生きる希望を棄ててはなりません。古来より、神仏に自分を委ねるとはそういうことなのでしょう。そのことにさえ気がつけば、自分が救済されずとも、世界の外にいたままであろうとも、たいした問題ではないのです。

わたしは流れ着いた孤独のメッセージを拾い上げ、そこに返事を書いて、ビンに新しいメッセージを詰めて改めて流します。孤独はもはや切り離された孤独ではなく、孤独と孤独をつなぎ合わせる絆になります。世界中でこうした孤独のメッセージのやり取り、孤独ゆえに人びとの孤独が共鳴し合うやり取りはすでに始まっていたのです。「泳ぐのに、安全でも適切でもない」旅のあいだじゅうも、希望は変わらずわたしに語りかけていたのです。

*

謝辞

本書の執筆にあたって、黒田祐加さんとマリオン・エガートさん、および高崎愛子さんには、希望という主題で戦後日本社会論を書くことをかわるがわる励まし続けていただきました。人生の否定的側面ばかりを見がちなわたしの性分では、お三方の導きがなければ、失敗に終わっただけの戦後日本社会という評価一色になってしまったことでしょう。

各章の事実と解釈をめぐる修正作業については、下記の友人たちにお願いしました。原爆については中川唯真さんと山本昭宏さん。東日本大震災については安部智海さんと金澤豊さん。植民地朝鮮については松田利彦さんと裵貴得さん。オウム真理教については小田龍哉さん。民主主義については苅田真司さんと大村一真さん。古代天皇制については佐々田悠さん。意欲的な若手研究者および宗教者から、日本の学問を支える今が盛りの研究者にいたる方たちのおかげで、堅実な事実の確認作業ができました。

自分自身が研究の最前線から遠ざかりつつあるなか、こうした信頼のおける知的ネットワークに与ることができたのは有り難いことでした。その学問と日常性が保つべき全体のバランスに、来《きた》るべき読者たちを代表してマッサージ師の須之内震治さんが最初から最後まで、わたしの健康状態ともども配慮して読んでくださったことも本当に恵まれたことでした。ここまでかかわってくださった皆様に、心から御礼申し上げます。

そしてなによりも、この本を企画してくださった講談社の互盛央さん、そして終盤の編集作業を担当して下さった岡林彩子さんのお名前を挙げたいと思います。この企画は、互さんが前の職場にいたときの、西川長夫さんを追悼する「『戦後』の超克」を主題とする雑誌特集から生まれ落ちたものです。前の出版社では残念ながら骨抜きにされてしまったこの主題を、どのように実現できるのか。編集担当の互さん、企画担当のわたしと酒井直樹さんはその落とし前をつけるためにも、それぞれの特質を生かしながら、各自の単行本として結実させなければならなくなりました。

互さんは『日本国民であるために——民主主義を考える四つの問い』（二〇一六年）という本を著しました。次いで、酒井さんは『ひきこもりの国民主義』（二〇一七年）を刊行しました。そして最後にわたしの番となり、この本『昭和・平成精神史——「終わらない戦後」と「幸せな日本人」』を刊行することになったのです。

そこに、互さんやわたしと交流のある立木康介さんの『露出せよ、と現代文明は言う——「心の闇」の喪失と精神分析』（二〇一三年）を加えるならば、一九九〇年代以降の現代日本社会論、あるいは戦後日本社会の帰結をめぐる議論について、ひとつの方向性が提示されつつあるとわたしは考えます。それはポストモダンから、国民国家批判そしてポストコロニアルへの展開を希薄化させてしまった、現代日本の知識社会の一般的風潮にたいする、ひとつの回答でもあります。

この本の読書体験がひとりひとりの読者にとって、こうした困難な状況だからこそ、希望を心に灯すきっかけになってくれればと切に願っています。

京都五条清水寺山下　磯前順一

参考文献

はじめに

磯前順一『喪失とノスタルジア――近代日本の余白へ』みすず書房、二〇〇七年。

江國香織『泳ぐのに、安全でも適切でもありません』（二〇〇二年）、集英社（集英社文庫）、二〇〇五年。

第1章

芦崎治『ネトゲ廃人』（二〇〇九年）、新潮社（新潮文庫）、二〇一二年。

東浩紀『動物化するポストモダン――オタクから見た日本社会』講談社（講談社現代新書）、二〇〇一年。

安倍晋三『美しい国へ』文藝春秋（文春新書）、二〇〇六年。

アレント、ハンナ『暗い時代の人々』（一九六八年）、阿部齊訳、筑摩書房（ちくま学芸文庫）、二〇〇五年。

石川結貴『スマホ廃人』文藝春秋（文春新書）、二〇一七年。

河出書房新社編集部編『『はだしのゲン』を読む』河出書房新社、二〇一四年。

菅野仁『友だち幻想――人と人の〈つながり〉を考える』筑摩書房（ちくまプリマー新書）、二〇〇八年。

髙山文彦『生き抜け、その日のために――長崎の被差別部落とキリシタン』解放出版社、二〇一六年。

武宮聰雄『非核非戦――法蔵菩薩の涙』東本願寺出版（伝道ブックス）、二〇一五年。

太宰治「走れメロス」（一九四〇年）、『走れメロス』新潮社（新潮文庫）、二〇〇五年。

――「パンドラの匣」（一九四五―四六年）、『パンドラの匣』新潮社（新潮文庫）、一九七三年。

――「トカトントン」（一九四七年）、『ヴィヨンの妻』新潮社（新潮文庫）、一九五〇年。

――『斜陽』（一九四七年）、『斜陽』新潮社（新潮文庫）、二〇〇三年。

――『人間失格』（一九四八年）、『人間失格』新潮社（新潮文庫）、二〇〇六年。

第2章

アーレント、ハンナ『エルサレムのアイヒマン――悪の陳腐さについての報告』（一九六三年）、大久保和郎訳、みすず書房、二〇一七年。

磯前順一『死者のざわめき――被災地信仰論』河出書房新社、二〇一五年。

金菱清（ゼミナール）編『3・11霊性に抱かれて――魂といのちの生かされ方』新曜社、二〇一八年。

柄谷行人『探究II』（一九八九年）、講談社（講談社学術文庫）、一九九四年。

酒井直樹『ひきこもりの国民主義』岩波書店、二〇一七年。

鈴木岩弓・磯前順一・佐藤弘夫編『〈死者／生者〉論――傾聴・鎮魂・翻訳』ぺりかん社、二〇一八年。

高橋哲哉『犠牲のシステム　福島・沖縄』集英社（集英社新書）、二〇一二年。

立木康介『露出せよ、と現代文明は言う――「心の闇」の喪失と精神分析』河出書房新社、二〇一三年。

西川長夫『植民地主義の時代を生きて』平凡社、二〇一三年。

第3章

雨宮昭一『占領と改革』（シリーズ日本近現代史⑦）、岩波書店（岩波新書）、二〇〇八年。

磯前順一『閾の思考――他者・外部性・故郷』法政大学出版局、二〇一三年。

加藤典洋『さようなら、ゴジラたち――戦後から遠く離れて』岩波書店、二〇一〇年。

サイード、エドワード・W『権力、政治、文化――エドワード・W・サイード発言集成』（二〇〇一年）上・下巻、ゴーリ・ヴィスワナタン編、大橋洋一他訳、太田出版、二〇〇七年。

ダワー、ジョン『敗北を抱きしめて——第二次大戦後の日本人』(一九九九年)上・下巻、三浦陽一・高杉忠明・田代泰子訳、岩波書店、二〇〇一年。

デリダ、ジャック『マルクスの亡霊たち——負債状況=国家、喪の作業、新しいインターナショナル』(一九九三年)、増田一夫訳、藤原書店、二〇〇七年。

フロイト、ジークムント「無気味なもの」(一九一九年)、高橋義孝訳、『フロイト著作集』第三巻、人文書院、一九六九年。

星新一『ノックの音が』(一九六五年)、新潮社(新潮文庫)、一九八五年。

三島由紀夫「英霊の聲」(一九六六年)、『英霊の聲——オリジナル版』河出書房新社(河出文庫)、二〇〇五年。

山本昭宏『核と日本人——ヒロシマ・ゴジラ・フクシマ』中央公論新社(中公新書)、二〇一五年。

李淳馹『もう一人の力道山』(一九九六年)、小学館(小学館文庫)、一九九八年。

第4章

アーレント、ハンナ『エルサレムのアイヒマン——悪の陳腐さについての報告』(一九六三年)、大久保和郎訳、みすず書房、二〇一七年。

磯前順一『近代日本の宗教言説とその系譜——宗教・国家・神道』岩波書店、二〇〇三年。

ヴェーバー、マックス『プロテスタンティズムの倫理と資本主義の精神』(一九〇五年)、大塚久雄訳、岩波書店(岩波文庫)、一九八九年。

江川紹子『救世主の野望——オウム真理教を追って』教育史料出版会、一九九一年。

——『オウム事件はなぜ起きたか——魂の虜囚』(二〇〇〇年)上・下巻、新風舎(新風舎文庫)、二〇〇六年。

柄谷行人『探究Ⅱ』(一九八九年)、講談社(講談社学術文庫)、一九九四年。

桑田禮彰・福井憲彦・山本哲士編『ミシェル・フーコー 1926-1984——権力・知・歴史』新評論、一九八四年。

小沢浩『生き神の思想史――日本の近代化と民衆宗教』岩波書店、一九八八年。

佐藤弘夫『死者の花嫁――葬送と追想の列島史』幻戯書房、二〇一五年。

島薗進・安丸良夫・磯前順一『民衆宗教論――宗教的主体化とは何か』東京大学出版会、二〇一九年。

ダワー、ジョン『敗北を抱きしめて――第二次大戦後の日本人』(一九九九年)上・下巻、三浦陽一・高杉忠明・田代泰子訳、岩波書店、二〇〇一年。

村上春樹『約束された場所で――underground 2』(一九九八年)、文藝春秋(文春文庫)、二〇〇一年。

――『1Q84』(二〇〇九―一〇年)全六巻、新潮社(新潮文庫)、二〇一二年。

――『村上春樹 雑文集』(二〇一一年)、新潮社(新潮文庫)、二〇一五年。

安丸良夫『出口なお――女性教祖と救済思想』(一九七七年)、岩波書店(岩波現代文庫)、二〇一三年。

ユング、C・G『ヨブへの答え』(一九五二年)、林道義訳、みすず書房、一九八八年。

Reader, Ian, *A Poisonous Cocktail?: Aum Shinrikyō's Path to Violence*, Copenhagen: NIAS Books, 1996.

第5章

アレント、ハンナ『人間の条件』(一九五八年)、志水速雄訳、筑摩書房(ちくま学芸文庫)、一九九四年。

池谷孝司編『死刑でいいです――孤立が生んだ二つの殺人』(二〇〇九年)、新潮社(新潮文庫)、二〇一三年。

石母田正『中世的世界の形成』(一九四六年)、岩波書店(岩波文庫)、一九八五年。

磯前順一『ザ・タイガース――世界はボクらを待っていた』集英社(集英社新書)、二〇一三年。

宇野常寛『リトル・ピープルの時代』幻冬舎、二〇一一年。

奥村和一・酒井誠『私は「蟻の兵隊」だった――中国に残された日本兵』岩波書店(岩波ジュニア新書)、二〇〇六年。

柄谷行人「漱石試論Ⅰ」（一九六九―七八年）、『増補　漱石論集成』平凡社（平凡社ライブラリー）、二〇〇一年。

河合隼雄・村上春樹『村上春樹、河合隼雄に会いにいく』（一九九六年）、新潮社（新潮文庫）、一九九九年。

酒井直樹『希望と憲法――日本国憲法の発話主体と応答』以文社、二〇〇八年。

野田正彰『虜囚の記憶』みすず書房、二〇〇九年。

河信基『酒鬼薔薇聖斗の告白――悪魔に憑かれたとき』元就出版社、一九九八年。

本多勝一・長沼節夫『天皇の軍隊』（一九七四年）、朝日新聞社（朝日文庫）、一九九一年。

丸山眞男「超国家主義の論理と心理」（一九四六年）、『増補版　現代政治の思想と行動』未来社、一九六四年。

村上春樹『風の歌を聴け』（一九七九年）、講談社（講談社文庫）、一九八二年。

――「かえるくん、東京を救う」（一九九九年）、『神の子どもたちはみな踊る』（二〇〇〇年）、新潮社（新潮文庫）、二〇〇二年。

――『海辺のカフカ』（二〇〇二年）上・下巻、新潮社（新潮文庫）、二〇〇五年。

――『アフターダーク』（二〇〇四年）、講談社（講談社文庫）、二〇〇六年。

――『色彩を持たない多崎つくると、彼の巡礼の年』（二〇一三年）、文藝春秋（文春文庫）、二〇一五年。

安丸良夫『日本の近代化と民衆思想』（一九七四年）、平凡社（平凡社ライブラリー）、一九九九年。

吉本隆明『共同幻想論』（一九六八年）、角川書店（角川ソフィア文庫）、一九八二年。

ラクラウ、エルネスト＆ムフ、シャンタル『民主主義の革命――ヘゲモニーとポスト・マルクス主義』（一九八五年）、西永亮・千葉眞訳、筑摩書房（ちくま学芸文庫）、二〇一二年。

渡辺清『砕かれた神――ある復員兵の手記』（一九七七年）、岩波書店（岩波現代文庫）、二〇〇四年。

第6章

アガンベン、ジョルジョ『ホモ・サケル――主権権力と剝き出しの生』（一九九五年）、高桑和巳訳、以文社、二〇〇三年。

イシグロ、カズオ『忘れられた巨人』（原題「埋もれた巨人」、二〇一五年）、土屋政雄訳、早川書房、二〇一五年。

磯前順一「無垢なるナルシシズム――『はだしのゲン』と戦後日本の平和主義の行方」、『『はだしのゲン』を読む』河出書房新社編集部編、河出書房新社、二〇一四年。

――「祀られざる神の行方――神話化する現代日本」、磯前順一・川村覚文編『他者論的転回――宗教と公共空間』ナカニシヤ出版、二〇一六年。

――「虚空を映し出す大きな瞳――一九七〇年代の沢田研二論」、『日文研』第五六号、二〇一六年。

井上堯之『ミュージシャンをめざすキミへ――ぼくが語ろう1』CBS・ソニー出版、一九七九年。

スピヴァク、G・C『サバルタンは語ることができるか』（一九八八年）、上村忠男訳、みすず書房、一九九八年。

太宰治「待つ」（一九四二年）、『新ハムレット』新潮社（新潮文庫）、一九七四年。

村上春樹『世界の終りとハードボイルド・ワンダーランド』（一九八五年）上・下巻、新潮社（新潮文庫）、一九八八年。

――「かえるくん、東京を救う」（一九九九年）、『神の子どもたちはみな踊る』（二〇〇〇年）、新潮社（新潮文庫）、二〇〇二年。

――『1Q84』（二〇〇九―一〇年）全六巻、新潮社（新潮文庫）、二〇一二年。

山尾三省『野の道――宮沢賢治随想』野草社、一九八三年。

山形孝夫『死者と生者のラスト・サパー――死者を記憶するということ』河出書房新社、二〇一二年。

レヴィナス『全体性と無限』（一九六一年）上・下巻、熊野純彦訳、岩波書店（岩波文庫）、二〇〇五―〇六年。

おわりに

五木寛之『他力』（一九九八年）、講談社（講談社文庫）、二〇〇〇年。

江國香織『ウエハースの椅子』（二〇〇一年）、新潮社（新潮文庫）、二〇〇九年。

――『日のあたる白い壁』集英社（集英社文庫）、二〇〇七年。

黒丸尊治『心の治癒力をうまく引きだす』築地書館、二〇〇四年。

鷺沢萠「さいはての二人」、『さいはての二人』（一九九九年）、角川書店（角川文庫）、二〇〇五年。

スティーヴンスン『ジーキル博士とハイド氏』（一八八六年）、海保眞夫訳、岩波書店（岩波文庫）、一九九四年。

藤間生大『希望の歴史学――藤間生大著作論集』磯前順一・山本昭宏編、ぺりかん社、二〇一八年。

ワイス、ブライアン・L『魂の伴侶――ソウルメイト　傷ついた人生をいやす生まれ変わりの旅』（一九九六年）、山川紘矢・亜希子訳、ＰＨＰ研究所（ＰＨＰ文庫）、一九九九年。

鷲田清一『「待つ」ということ』角川学芸出版（角川選書）、二〇〇六年。

磯前順一（いそまえ・じゅんいち）

一九六一年、茨城県生まれ。東京大学大学院人文科学研究科博士課程中退。博士（文学）。現在は国際日本文化研究センター教授。専門は宗教学、批判理論。

主な著書に『近代日本の宗教言説とその系譜』（岩波書店）、『喪失とノスタルジア』（みすず書房）、『記紀神話と考古学』（角川学芸出版）、『宗教概念あるいは宗教学の死』（東京大学出版会）、『閾の思考』（法政大学出版局）、『ザ・タイガース』（集英社）、『死者のざわめき』（河出書房新社）など。

JASRAC 出1906791-901

昭《しょう》和《わ》・平《へい》成《せい》精《せい》神《しん》史《し》

「終《お》わらない戦後《せんご》」と
「幸《しあわ》せな日本人《にほんじん》」

二〇一九年 八月 八日 第一刷発行

著者 磯《いそ》前《まえ》順《じゅん》一《いち》

発行者 渡瀬昌彦
発行所 株式会社 講談社
東京都文京区音羽二丁目一二―二一 〒一一二―八〇〇一
電話 （編集）〇三―三九四五―四九六三
（販売）〇三―五三九五―四四一五
（業務）〇三―五三九五―三六一五

装幀者 奥定泰之
本文データ制作 講談社デジタル製作
本文印刷 信毎書籍印刷株式会社
カバー・表紙印刷 半七写真印刷工業株式会社
製本所 大口製本印刷株式会社

ISBN978-4-06-516948-3 Printed in Japan
N.D.C.362 275p 19cm

講談社選書メチエの再出発に際して

講談社選書メチエの創刊は冷戦終結後まもない一九九四年のことである。長く続いた東西対立の終わりはついに世界に平和をもたらすかに思われたが、その期待はすぐに裏切られた。超大国による新たな戦争、吹き荒れる民族主義の嵐……世界は向かうべき道を見失った。そのような時代の中で、書物のもたらす知識が一人一人の指針となることを願って、本選書は刊行された。

それから二五年、世界はさらに大きく変わった。特に知識をめぐる環境は世界史的な変化をこうむったとすら言える。インターネットによる情報化革命は、知識の徹底的な民主化を推し進めた。誰もがどこでも自由に知識を入手でき、自由に知識を発信できる。それは、冷戦終結後に抱いた期待を裏切られた私たちのもとに差した一条の光明でもあった。

その光明は今も消え去ってはいない。しかし、私たちは同時に、知識の民主化が知識の失墜をも生み出すという逆説を生きている。堅く揺るぎない知識も消費されるだけの不確かな情報に埋もれることを余儀なくされ、不確かな情報が人々の憎悪をかき立てる時代が今、訪れている。

この不確かな時代、不確かさが憎悪を生み出す時代にあって必要なのは、一人一人が堅く揺るぎない知識を得、生きていくための道標を得ることである。

フランス語の「メチエ」という言葉は、人が生きていくために必要とする職、経験によって身につけられる技術を意味する。選書メチエは、読者が磨き上げられた経験のもとに紡ぎ出される思索に触れ、生きるための技術と知識を手に入れる機会を提供することを目指している。万人にそのような機会が提供されたとき初めて、知識は真に民主化され、憎悪を乗り越える平和への道が拓けると私たちは固く信ずる。

この宣言をもって、講談社選書メチエ再出発の辞とするものである。

二〇一九年二月　　野間省伸

MÉTIER

近代性の構造　今村仁司
身体の零度　三浦雅士
人類最古の哲学　カイエ・ソバージュⅠ　中沢新一
熊から王へ　カイエ・ソバージュⅡ　中沢新一
愛と経済のロゴス　カイエ・ソバージュⅢ　中沢新一
神の発明　カイエ・ソバージュⅣ　中沢新一
対称性人類学　カイエ・ソバージュⅤ　中沢新一
近代日本の陽明学　小島　毅
未完のレーニン　白井　聡
経済倫理＝あなたは、なに主義？　橋本　努
ヨーガの思想　山下博司
パロール・ドネ　C・レヴィ＝ストロース　中沢新一訳
ドイツ観念論　村岡晋一
精読　アレント『全体主義の起源』　牧野雅彦
連続講義　現代日本の四つの危機　齋藤元紀編
ブルデュー　闘う知識人　加藤晴久
怪物的思考　田口卓臣

熊楠の星の時間　中沢新一
来たるべき内部観測　松野孝一郎
アメリカ　異形の制度空間　西谷　修
絶滅の地球誌　澤野雅樹
共同体のかたち　菅　香子
アーレント　最後の言葉　小森謙一郎
三つの革命　佐藤嘉幸・廣瀬　純
なぜ世界は存在しないのか　マルクス・ガブリエル　清水一浩訳
「東洋」哲学の根本問題　斎藤慶典
言葉の魂の哲学　古田徹也
実在とは何か　ジョルジョ・アガンベン　上村忠男訳
創造の星　渡辺哲夫
なぜ私は一続きの私であるのか　兼本浩祐
いつもそばには本があった。　國分功一郎・互　盛央
創造と狂気の歴史　松本卓也